中国地质大学（武汉）中央高校基本科研业务费专项资金以及 2009 年度教育部人文社会科学青年基金资助

高校社科文库
University Social Science Series

教育部高等学校
社会科学发展研究中心

汇集高校哲学社会科学优秀原创学术成果
搭建高校哲学社会科学学术著作出版平台
探索高校哲学社会科学专著出版的新模式
扩大高校哲学社会科学科研成果的影响力

大学学科文化研究

蒋洪池／著

A Study on the Disciplinary Cultures of Universities

光明日报出版社

图书在版编目（CIP）数据

大学学科文化研究 / 蒋洪池著．－－北京：光明日报出版社，2011.3（2024.6重印）（高校社科文库）

ISBN 978－7－5112－1014－2

Ⅰ.①大…　Ⅱ.①蒋…　Ⅲ.①高等学校—学科—文化—研究

Ⅳ.①G642.3

中国版本图书馆 CIP 数据核字（2011）第 003958 号

大学学科文化研究
DAXUE XUEKE WENHUA YANJIU

著　　者：蒋洪池

责任编辑：刘　彬　佟翠玲　　　　责任校对：赵英慧　刘　洋

封面设计：小宝工作室　　　　　　责任印制：曹　净

出版发行：光明日报出版社

地　　址：北京市西城区永安路 106 号，100050

电　　话：010-63169890（咨询），010-63131930（邮购）

传　　真：010-63131930

网　　址：http：// book. gmw. cn

E － mail：gmrbcbs@ gmw. cn

法律顾问：北京市兰台律师事务所龚柳方律师

印　　刷：三河市华东印刷有限公司

装　　订：三河市华东印刷有限公司

本书如有破损、缺页、装订错误，请与本社联系调换，电话：010-63131930

开　　本：165mm×230mm

字　　数：199 千字　　　　　　　印　　张：12. 25

版　　次：2011 年 3 月第 1 版　　　印　　次：2024 年 6 月第 2 次印刷

书　　号：ISBN 978－7－5112－1014－2－01

定　　价：65. 00 元

序

　　学科是学术系统中的基本组织，大学学科是承载大学三大基本职能的平台，是大学赖以生存和发展的核心。大学组织是一种底重结构，根据学科进行划分和组合是划分和组合学术活动的基本方式之一，是主宰学者工作生活的力量。学科文化是学科的核心和深层理念，研究学科无法回避学科文化，大学学科文化研究是高等教育中一个非常重要的议题。半个多世纪以来，国外高教界对大学学科文化问题，争论激烈，众说纷纭。国内还缺乏比较深入的系统研究。以大学学科文化研究为题，选题处于前沿。

　　本书研究采用历史的、组织的和文化的观点，从多学科的视角，从欧洲中世纪、文艺复兴、启蒙运动、20世纪中期、以迄后工业时代，着重研究大学学科文化的历史演变，从知识、学科和学者三个方面，比较深入地探索大学学科文化的本质内涵和发展前景。为学科文化研究提出了一个概念体系、理论框架和不少有价值的观点，在一定意义上突破了当前理论界对学科文化的研究思路，具有一定的创新性。

　　本书是作者蒋洪池在浙江大学博士学位论文基础上修改而成的，书稿从蒋洪池2005年开始撰写博士论文时算起，到现在已经历时5年。作为他的博士生导师，我很欣慰地看到他在大学学科文化研究领域的不断追求和进步，这也使他的书稿得到不断的完善。整个书稿行文简洁，论证有力，具有较高价值。可以作为高等教育学者、教育管理者以及所有关心大学学科建设与发展的人士阅读和进行相关研究的参考用书。

王承绪

CONTENTS 目 录

导 论

一、问题的提出

1959 年，英国著名小说家、科学家查尔斯·珀西·斯诺（Charles Percy Snow）在剑桥大学发表了一篇题为《两种文化》（*Two Cultures*）的长篇演说（这一演说随即以《两种文化和科学革命》*The Two Cultures and the Scientific Revolution* 的小册子出版）。斯诺认为"整个西方社会的精神生活已经日益分裂成两个极端——学文的知识分子为一个极端，而科学家为另一个极端，其中以物理科学家最具代表性。这两种人互相缺乏了解，形成了一个鸿沟——有时候（尤其在年轻人之间）还互相抱有敌意和厌恶情绪，但是最多的是缺乏相互了解。"[①] 人文知识分子和科学家的智能接近、种族相同、社会出身和收入差别不大，但几乎完全没有交往，他们在学术、道德或心理状态方面却很少共同性，以至于从柏灵顿馆（英国皇家学会等机构所在地）或南肯辛顿到切尔西（艺术家聚居的伦敦文化区）就像远渡重洋。斯诺把这种现象称之为"两种文化"，并把其产生的原因归结为两点："一是我们狂热地相信教育专业化——无论是在西方还是在东方，没有一个国家比我们更深信无疑了；二是因为我们倾向于让社会形式固定化……一旦我们任何像文化鸿沟之类的东西得以产生，所有社会力量都会起来使它更加僵化，而不是使它具有一定的可塑性。"[②] 在谈到如何克服文化鸿沟的办法时，斯诺指出："走出这一难关的办法只有一

[①] C·P·Snow. *The Two Cultures and the Scientific Revolution*. New York: Cambridge University Press, 1959, p. 3.

[②] 同上书第 4 页。

个，那就是重新考虑我们的教育。"① 这就是著名的"斯诺命题"。五年后，他发表了《再看两种文化》（*The Two Cultures*：*and a Second Look*），明确提出要向美国的一些大学学习，"在美国，这些鸿沟就不那么难以逾越……在耶鲁、普林斯顿、密歇根和加利福尼亚，世界级的科学家在向非理科学生授课，在麻省理工学院和加州理工学院，理工学生正在学习人文学科。"② 并且乐观地提出了一种新文化——第三种文化，这种文化将浮现并弥合人文知识分子和科学家之间的沟通鸿沟。

斯诺在强调知识的专门化会带来危险之时，流露出对理科的偏爱："科学家们骨子里就代表着将来，而文科知识分子则希望将来并不存在。"③ 正是这种偏爱激怒了当时英国文坛首屈一指的文学批评家弗·阿·利维斯（F·R·Leavis），利维斯在经过充分准备后于 1962 年也在剑桥大学发表了针锋相对的演说——《两种文化？查·珀·斯诺的意义》（*Two Cultures? The Significance of C·P·Snow*）。他指出："大学不只是一些不同的专业系科的搭配，它也应该成为人类意识的中心：洞察力、知识、判断力和责任感都构成了人类的意识。"④ 利维斯和斯诺都赞同要加强不同知识领域间的联系，反对知识的过分专门化。但在如何实现不同知识领域间的联系方面意见迥异：斯诺旨在用"代表着将来的"科学学科带动其他学科，而利维斯主张在大学建立一个意识中心来跨越文化鸿沟，而这个中心应该设在富有生命力的英文学院，因为英文学院最有助于人脑的基本活动（包括智力活动和情感活动）。⑤ 英文学院最基本的学科是文学和文学批评，它以其他任何学科都无法具备的方法同时训练智力和情感，培养人的敏感性、对事物反应的精确性以及智力的灵敏性和完整性——这种智力不仅能分析事物，而且能综合事物。但这"决不意味着文学教育本身就使人满意了……学习文学的好处之一是它能不断地把人引向其他学科

① C·P·Snow. *The Two Cultures and the Scientific Revolution*. New York：Cambridge University Press，1959，p. 19.

② C·P·Snow. *The Two Cultures*：*and a Second Look*. New York：Cambridge University Press，1964，p. 69.

③ C·P·Snow. *The Two Cultures and the Scientific Revolution*. New York：Cambridge University Press，1959，p. 12.

④ F·R·Leavis. *Two Cultures? The Significance of C·P·Snow*. London：Chatto and Windus，1962. P. 29.

⑤ 同上书第 27 页。

的学习。"①

斯诺命题像一个重磅炸弹震撼了英国学术界并很快波及全世界，他把人文学科和科学学科的对立作为"两种文化"提出，并寻求解决的办法，这本身就具有划时代的意义。自此之后，"两种文化"作为一个重要的概念和命题在学术界传开，并引起了广泛的争论。利维斯从自身对学科的感悟出发，主张用文学和文学批评而不是斯诺所说的物理等科学学科来跨越"两种文化"之间的鸿沟。利维斯演说的措辞几乎达到了对斯诺进行谩骂和人身攻击的程度。并且双方都拥有一些拥护者，这场斯诺—利维斯之争在英国高教界也掀起了轩然大波，这无疑强化了"两种文化"的概念，加速了"两种文化"命题的传播，其影响相当深远。

直到今天，我们仍然生活在近 50 年前斯诺为我们所设定的"两种文化"的魔圈之中，"人文学科"和"科学学科"是我们学术界使用的高频词，我们很少追问"两种文化"本身的局限性。斯诺把所有学科简单地划分为人文学科和科学学科，并进而认为所有学科只存在"两种文化"，这是否过于盲目和机械？事实上，就连斯诺本人也多次声明数字"二"是个危险的数字。并于1971 年坦称他至今对"两种文化"概念的学术表述仍不满意，也曾在若干场合尝试过精化其表述。② 并且预测第三种文化将浮现并弥合人文知识分子和科学家之间的沟通鸿沟。美国社会学家帕森斯（T. Parsons）则认为，在今日大学的知识结构中，除人文文化和科学文化之外，至少还有一个"社会科学文化"，亦即是"三种文化"。③ 美国约翰·布罗克曼（John Brockman）借用了斯诺的这个名词，直接以《第三种文化》（*The Third Culture*）作为其论著的标题（此书的中文版以《第三种文化——洞察世界的新途径》为名于 2003 年由海南出版社出版）。但他所描述的第三种文化并不是斯诺所预言的，人文知识分子并没有和科学家沟通，而科学家正在直接与一般公众进行交流。传统知识媒介过去在耍直上直下的把戏：新闻记者往上写，而专家往下写。今天，第三种文化的思想家们试图摆脱中间人，并努力以一种可接受的方式向理性的读者

---

① F·R·Leavis. *Education and the University*. London：Chatto and Windus，1948，p. 35.

② ［英］C·P·斯诺著，陈克艰、秦小虎译：《两种文化》，上海科学技术出版社 2003 年版，第63 页。

③ T. Parsons. Some Considerations on the American System of Higher Education &Research, in J. Ben-David& T. N. Clarks（eds）. *Culture and Its Creators*. University of Chicago Press，1977.

公众表达他们最深层的思想。① 盖夫和威尔逊（Jerry G. Gaff and Robert C. Wilson）提出一种比较细致的文化分类，即分为人文学科、社会科学、自然科学和专业学科，作为调查研究的基础，并且和跨学科学位课程联系起来。他们的结论是："各学科领域的学者教授在教育价值、教学方向和生活方式等文化问题上有重大差别。这些差别之大足以把上述四个部分看作不同的学科文化……当然，这并不意味着这些文化之间毫无联系；实际上，每一个类别，每一个层次，都有相互重叠的领域。"②

英国苏萨克斯大学教育系主任托尼·比彻（Tony Becher）教授把文化看作是"一种共同生活的思维方式和集体的行为方式"。③ 不同的学科就是不同的文化部落。如果我们把视野聚焦于高等教育领域，那么，到底大学学科文化是什么？大学学科文化的生长和演变逻辑怎样？大学学科文化又将如何发展？这些有关大学学科文化的应然和或然的问题是研究大学学科文化必须面对的问题。这些问题始终困惑着我，带着这些问题和困惑，我涉猎了大量的相关研究，产生了浓厚的兴趣。特别是导师王承绪先生的鼓励和点拨，更加坚定了我对大学学科文化研究的决心和信心。

二、选题目的和意义

如前所述，对于大学学科文化的研究首先是出自问题和困惑，浓厚的兴趣和导师的勉励是重要的动因，试图厘清这些问题和困惑是选题的重要目的和意义之一。除此之外，还出于以下几点考虑：

1. 学科是学术系统中的基本组织

大学学科是高等教育学术系统中的基本组织，是承载大学三大基本职能（培养人才、科学研究和直接为社会服务）的平台。"在国际学术界，学科就是产品线，院校即为地理中心。高等教育必须以学科为中心，但它必须聚集于

① ［美］约翰·布罗克曼著、吕芳译：《第三种文化——洞察世界的新途径》，海南出版社2003年版，第2页。

② Jerry G. Gaff and Robert C. Wilson. "Faculty Culture and Interdisciplinary Studies." *Journal of Higher Education* 42, no. 3（1971），pp. 186～201.

③ ［美］伯顿·克拉克著、王承绪等译：《高等教育新论——多学科的研究》，浙江教育出版社2001年版，第16页。

事业单位。"① 现在，学科问题在高等教育领域已经引起了广泛的重视，学科建设是高等教育改革的重要方面。因此，学科理论的研究日益必要。但需要和现实通常是矛盾的，在我国，学科理论研究还比较薄弱，难以为高等教育改革实践提供强有力的理论支撑。本人把自己的研究定位于基础理论研究，意旨为我国的高教实践提供理论支撑和决策参考。

2. 学科文化是学科的核心和深层理念，研究学科无法回避学科文化

在我国，有关学科文化的系统研究尚属空白。大多研究学科理论的学者都把研究视野放在学科建设、学科组织创新、学科制度和学科结构等领域，很少涉及学科文化问题。而研究文化的高等教育学者则主要从宏观的角度探究文化视野中的高等教育和高等教育制度变迁的文化阐释，也很少关注微观的学科文化问题。其结果导致了对学科文化问题研究的冷落，使大学学科文化问题的系统研究在我国仍然缺乏。这也是我选题的目的和意义之一。

3. 研究学科文化有利于研究范式的转换

研究范式是指一个科学共同体在思考和解决某一学科重大问题中所形成的主导性研究方式和共同规则。② 一般认为，研究范式主要包括比较稳定的学术团体、共同认可的价值规则和比较一致的研究方法论。某一研究范式代表了某一学术共同体对本学术领域内的关键问题和发展方向的把握，并因此形成一套比较一致的话语规则和价值取向，成为学科内部认同的基础，它和人类思维方式密切相关。克拉克·克尔认为人类思维和学术争论在历史上发生了三次大型争辩："第一次大型争辩是关于真理是来自《圣经》还是来自科学——现在科学已赢得多数席位。第二次是关于所喜欢的社会形态，关于社会主义的模式对资本主义的模式，在左、右和中之间。这次争辩仍在进行，中和左占上风。第三次，又是最当前的争议是关于学术团体本身的组成和行为，关于招生，关于教授的状况，关于普通教育课程，关于行为准则和行为的实际。第一次争辩是关于宇宙的观点；第二次过去是，现在也是关于好社会的概念；第三次是更加向内看，关于我们想永久保持或创造的校园种类。这第三次历史性争辩的结果

---

① ［美］伯顿·R·克拉克著、王承绪等译：《高等教育系统——学术组织的跨国研究》，杭州大学出版社 1994 年版，第 36 页。

② 瞿葆奎：《教育学文集》，人民教育出版社 1988 年版，第 179 页。

还很说不准。"① 人类思维和学术争论的总体转向要求我们研究范式的相应转换，对学科文化的研究适应了人类思维向内看的发展趋势。这不仅有利于拓展高等教育研究的论题视域，而且还有利于推进高等教育的研究深度。

三、大学学科文化研究的国内外现状

大学学科文化研究是高等教育中一个非常重要的论题，但在中国至今尚未得到足够的重视和关注，更少系统地研究。在西方，20世纪50年代斯诺命题提出之前也很少关注学科文化问题，直至20世纪80年代才有少量大学学科文化的相关研究问世。导致大学学科文化研究遭受冷落的原因很多，笔者认为主要有以下三个方面：首先，大学学科文化属于"形而上"的东西较多，本身的神秘色彩较浓，这无疑使人产生望而却步的畏惧感。其次，大学学科文化关注的是马丁·特罗（M. Trow）所说的高等教育的"私生活"。② 这是比较隐蔽和深层次的东西，给研究造成了一定的难度。最后，大学学科文化的研究需要多学科的理论功底和学术准备。

（一）国内的相关研究

查阅国内近10年的文献发现，国内至今未见有系统的大学学科文化的研究问世。相关研究主要集中在以下三大方面：

1. 有关学科文化内涵的界定

对于学科文化的内涵，国内学者没有统一的界定，有代表性的观点主要有：

薛瑞丰（2001）等认为学科文化是指由历代学者在创建该学科的过程中，发现、创造和形成的学科理论体系以及所具有的思想、方法、概念、定律，是学科中所采用的语言符号、价值标准、科学精神或人文精神、文化产品以及工作方法的总和。

刘慧玲（2002）认为学科文化是人们在探索、研究、发展学科知识过程

---

① ［美］克拉克·克尔著、王承绪译：《高等教育不能回避历史——21世纪的问题》，浙江教育出版社2001年版，第161页。

② M. Trow. The Public and private lives of higher education. *Daedalus*. 1976，104，pp. 113~127.

中积累并传播独有的语言、价值标准、伦理规范、思维与行为方式等。

庞青山（2003）认为学科文化是在学科形成发展过程中形成的学科特有的语言、学科理念、价值标准、思维方式和伦理规范等。

张晓琴、张萍（2004）认为学科文化是指在特定时期内的学科本身所具有的价值观念、知识体系及其成员特有的精神风貌和相应行为准则的总和。

邹晓东（2003）把学科作为组织看待，把学科文化等同于学科组织文化，认为学科文化是学科组织在形成和发展过程中积累的语言、价值标准、伦理规范、思维和行为方式等。

高山（2008）等认为学科文化是学科领域积淀的独特知识、信仰、技艺、思维和语言等的总和，和母体文化一样，是一个复杂的整体。

陈何芳（2009）认为学科文化是学科在形成和发展过程中所积累的语言、价值标准、思维与行为方式等的总和。

2. 有关大学学科建设与发展方面的研究

国内有关大学学科建设与发展方面的研究涉及的范围较广，成果也较为丰硕，研究主要集中在大学学科建设的理论与模式、大学学科制度、大学学科创新以及大学学科评价等方面。

周进（2001）《重点理工大学的转型》以我国 10 所理工大学为研究对象，采用定性、定量和比较等方法，重点论述了理科发展中的学科管理、学术评价、学科方向选择和学科发展趋势等问题，对我国重点大学理科发展有指导意义。罗云（2002）《我国重点大学的学科建设研究》以重点大学的学科建设为研究对象，对我国重点大学学科建设中存在的问题进行分析，提出了我国重点大学学科建设应该确立的科学理念，介绍了若干国外著名大学学科建设的基本经验，并结合我国实际，提出了加强我国重点大学学科建设的对策和建议。翟亚军（2007）《大学学科建设模式研究》对大学学科建设模式进行了比较系统的理论构建和实证研究，构建了大学学科建设模式的分析框架。刘小强（2008）《学科建设：元视角的考察》从元学科、元科学层次的反思出发来研究高等教育学的学科建设问题。认为今天的科学已经或正在进行转型，科学转型带来了学科框架的转变。学科框架的转变为高等教育学学科建设提供了新的方向、目标和策略。学科建设的目标就是要把一门不成熟的学科建设成成熟的学科。

陈学东（2004）《近代科学学科规训制度的生成和演化》以学科规训制度

为研究对象，着重探究了学科规训制度的历史、学科规训制度的动力机制和新时代学科规训制度的转型和重构。庞青山（2004）《大学学科结构与学科制度研究》从多学科的视角，把学科视为科学、教育和社会三维结构中的一个中心要素。从大学学科是以结构形式存在的前提入手，依次讨论了大学学科结构、学科组织、学科制度和学科文化。在论述学科文化时，主要以学科文化的界定及其特征的分析为基础，探讨了学科文化具有的四大功能和三大作用，提出了大学特别是合并大学学科文化冲突的表现及其整合的途径。万力维（2005）《控制与分等：大学学科制度的权力逻辑》分析了学科准入制度的模式和学科等级的标准，论述了权力对大学学科制度影响的二重性，并针对我国的实际情况揭示了大学学科制度改革从"命定"走向"理性"的方向和途径。

邹晓东（2003）《研究型大学学科组织创新研究》分析了学科组织要素，提出以提升学科组织核心能力为目的的学科组织创新理论模式，包括学科组织战略、结构和文化创新。并运用国内外知名研究型大学学科组织创新的案例实证研究、学科组织要素和学科组织创新的调查统计分析、学科组织创新的系统动力学模型构造等研究途径，探讨通过学科组织创新和学科组织要素建设以提升学科组织核心能力，促进研究型大学学科建设发展的根本途径。

廖益（2007）《大学学科专业评价研究》从实证研究的角度，以广东省高等学校重点学科评价和名牌专业五年评价的实践为案例，对大学学科专业评价进行探讨。重构学科专业评价体系，预测学科专业评价的变革趋势，提供学科专业评价的政策选择。

3. 有关文化和高等教育关系方面的研究

国内学者主要是从宏观的角度探究文化和高等教育之间的关系以及寻求高等教育制度变迁的文化阐释，有代表性的研究主要有：

雷晓云（2002）《中国高等教育制度变迁及其文化透视》在梳理大量史料的基础上，以高等教育制度古近变迁之际的标志性事件为依据，选取学科制度、管理体制、书院制度和科举制度为研究对象，提出"天人不分"的整体性思维是中国高等教育制度变迁呈现其变中之恒特征、中国高等教育不能走向自主的根本原因，认为实现"天人不分"的整体性思维向"天人分离"的理性思维的转换是中国高等教育走向自主的关键所在。

高桂娟（2003）《现代大学制度演进的文化逻辑》以大学制度问题为核心，围绕现代大学制度演进历程中文化的影响作用而展开，从总体上考察了西方大学制度演进中文化的影响作用。以其所揭示的规律为指导，重点探讨了建设中国现代大学制度的问题。认为建设中国现代大学制度应采取整体改革方案，坚持制度创新与文化创新并举。

阎光才（2002）《识读大学——组织文化的视角》从组织文化的视角，采取"识读"的策略，认识、领会和理解大学作为组织而存在的理由、意义和价值，即大学所独具的文化内涵。

张应强（1999）《文化视野中的高等教育》是较为系统地研究高等教育与文化内在关系的佳作。认为文化与高等教育的关系是比人与高等教育、社会与高等教育的关系更为基本的关系范畴，提出应以文化—教育—人三者的相互作用为高等教育研究的新范式。这为我们研究相关问题提供了方法论方面的借鉴意义。

（二）国外的相关研究

英国苏萨克斯大学教育系主任托尼·比彻教授认为，在大量的文化研究著作中专论高等教育领域文化现象的论文却很少，影响也极小。他把数量比较少而相当分散的有关高等教育文化研究文献分成三类：以院校为基础的研究、对学者及其作用的描述以及对各学科领域的研究。[①]

1. 以院校为基础的研究

院校研究是高等教育研究中的一个重要领域，但院校研究的范围越广，就越难以把高等教育领域视为一种单一的可以辨认的文化，导致从文化观点出发研究整个高等教育系统的研究甚少。塔尔科特·帕森斯（Talcott Parsons）和杰拉尔德·普拉特（Gerald Platt）撰写的《美国的大学》是这一类研究的例子。还有一些研究某些类型院校的成果，如伯顿·R·克拉克关于美国安底沃克、里特和斯沃思莫等私立大学理学院的研究。在单所大学或学院这一层次，经常被引用的是本森·斯奈德（Benson R. Snyder）的"隐蔽课程"，这是对麻省理工学院文化和社会生活的深刻分析。

2. 对学者及其作用的描述

在对高等院校人员的种种文化分析中，学者们一般把眼光投向大学教师和大学生。其中在对大学教师的研究中，哈尔西（A. H. Halsey）和马丁·特罗

---

① ［美］伯顿·克拉克著、王承绪等译：《高等教育新论——多学科的研究》，浙江教育出版社2001年版，第175页。

的《英国的学者》在分析的广度和深度上都是首屈一指的。虽然书中论述的是英国高等教育扩张时期的学者的生活样态，但至今仍然是正确的。理查德·斯达特普（Richard Startup）在一所英国大学进行实证研究而写的《大学教师及其世界》集中研究了学者的作用、学者间的关系及其报酬状况。他还对系和学科的亚文化进行了深入探究，并着重强调了古典语文系、纯数学系、土木工程系和心理系的实际活动之异同。

大学生的文化也受到了学者们的关注，如美国社会学家霍华德·贝克尔（Howard Becker）的《白衣男生：医学院学生文化》较为具体地描述了一所医学院学生的生活，对影响学生的社会和文化方面的压力作了深入地分析。他的另一专著《登上陡坡：学院生活的学术性》对学院的学术生活作了权威性考察。

3. 对各学科领域的研究

这类研究关注的主要问题既不是院校机构，也不是特定的学术人员，而是组成学科的一个或多个知识领域。对各知识领域的文化分析，较少地把知识作为知识来研究，而更多地去关注研究探求知识的人们的行为习惯和生活方式。注意了解学者的信仰与实践的相互关系，努力发现这些关系如何影响他们所进行的研究的性质，同时研究他们所进行的研究的性质怎样影响他们的信仰与实践之间的相互关系。①

综观国外（主要是英美国家）研究有关学科文化的文献，可以得知其主要涉及以下几大问题。

（1）学科文化的提出和争论

早在1936年，美国科学史家萨尔顿（George Sarton）就意识到人们对人类文化的不信任情绪，对人文学者和科学家之间的相互厌恶和彼此缺乏必要的理解现象有所察觉，并试图构建一种新的文化理念来消除这种相互间的隔绝和无知。在系统研究科学史的基础上，从把科学史发展为科学通史以至人类文明史的角度，从科学文化和人文文化的统一性出发，提出了"新人文主义"的口号，大声呼吁科学和人文的结合。在他的《科学史和新人文主义》一书中指出，"我们这个时代最可怕的冲突就是两种看法不同的人们之间的冲突，一

---

① ［美］伯顿·克拉克著、王承绪等译：《高等教育新论——多学科的研究》，浙江教育出版社2001年版，第178～179页。

方是文学家、史学家、哲学家这些所谓的人文学者，另一方是科学家。"①

但遗憾的是萨尔顿的呼吁没有引起学界的高度重视，直到 20 世纪 50 年代末 C·P·斯诺发表"两种文化"的演说之后，学科开始作为一种文化存在震撼学术界。《两种文化和科学革命》是"学科文化"作为一个学术概念提出的界标。正如斯蒂芬·科里尼认为，"斯诺至少做成了三件事：第一，他像发射导弹一样发射出一个词，不，应该说是一个'概念'，从此不可阻挡地在国际间传播开来；第二，他阐述了一个问题（后来化成为若干问题），现代社会里任何有头脑的观察家都不能回避；第三，他引发了一场争论，其范围之广、持续时间之长、程度之激烈，都是异乎寻常的。"②

就像任何新生事物的成长不可能一帆风顺一样，C·P·斯诺有关学科文化的观点当时就遭到了以利维斯为首的众多学者的强烈反击。利维斯也在 C·P·斯诺发表演说的剑桥大学发表了言辞犀利的演说——《两种文化？查·珀·斯诺的意义》，这也导致了 C·P·斯诺不断反思，并且预测将浮现第三种文化。帕森斯认为在大学的知识结构中存在"三种文化"，即人文文化、科学文化和社会科学文化。约翰·布罗克曼则直接以《第三种文化》为题向我们展示了正在浮现的第三种文化的图景。盖夫和威尔逊提出四种学科文化分类，即人文学科、社会科学、自然科学和专业学科，并且认为各学科领域的学者教授在教育价值、教学方向和生活方式等文化问题上有重大差别。但每一个类别，每一个层次，都有相互重叠的领域。托尼·比彻认为不同的学科就是不同的文化部落，因此，有多少学科就有多少种不同的学科文化。

（2）学科文化的理论探讨

美国加州大学洛杉矶分校教育学院高等教育和社会学教授伯顿·R·克拉克（Burton R. Clark）的《高等教育系统——学术组织的跨国研究》从组织的视角把高等教育系统看作是由生产知识的群体构成的学术组织，从高等教育的内部揭示高等教育的本质特征，以工作、信念和权力三者为高等教育的基本要素并据以分析高等教育运行的规律。他认为高等教育工作按学科和院校单位构成纵横交叉的模式；高等教育的各个部门都有自己的规范和价值观，形成学术信念；又从工作组织及其伴随的信念产生各种权力关系。学科和院校单位通过

---

① ［美］乔治·萨尔顿著、陈恒六等译：《科学史和新人文主义》华夏出版社 1989 年版，第 49 页。
② ［英］C·P·斯诺著、陈克艰、秦小虎译：《两种文化》，上海科学技术出版社 2003 年版，第 1~2 页。

国家、市场和学者的协调形成复杂的学术系统。伯顿·R·克拉克进而认为学术系统在意识形态上是丰富多彩的，这部分是因为它是由多种多样的群体构成的，制造文化是这些群体的工作和自我利益。他所说的这种学术文化和其学术信念如出一辙。他把学术信念（学术文化）分为学科文化、院校文化、专业文化和系统文化。其中的学科和院校是组织的主要形式，是信念最强大的源泉。高等教育系统的学术活动是围绕着学科划分和组合及根据院校划分和组合来进行的，根据独特的理智任务，各门学科都有一定的知识传统，即思想范畴和相应的行为准则。学科文化只能由其成员含糊地感受到而不易为外行所知觉。如数学的基本风格是优雅和精确的结合，而与数学家非常接近的物理学家则更关心现实。在学科亚文化的核心到处可见"通用词汇"，即"行话"。学科文化还包括了偶像崇拜。

伯顿·R·克拉克的这本论著原版于1983年，后来根据80年代新知识对本书作了必要的扩充，其中一项重要的成果就是1987年由卡内基教学促进基金会出版的对美国学术专业的研究——《学术生活：小的世界，不同的世界》（*The Academic Life：Small words，Different Words*）论著问世。在这本论著中，伯顿·R·克拉克从学术专业的基础、学术专业的维度和专业的逻辑三大部分探究了美国学术专业问题。其中在学术专业的基础这一部分论述了机构进化、学科演变和高等教育系统的开放性；在论述学术专业的维度时运用了《高等教育系统——学术组织的跨国研究》中的理论分析框架，从学术工作、文化、权力、职业发展前景和协会的联系等方面探究了美国学术专业的本质特征；最后运用组织学分析方法阐述了美国学术专业发展的内在逻辑。伯顿·R·克拉克在进行理论论证和阐述时，运用了大量的访谈案例和实证调查加以佐证，不仅增加了论述的说服力，而且还为我们提供了方法论方面的借鉴意义。

当我们把目光集中到某些特定学科或几类学科时，可以发现自然科学在其他学科的研究遭遇忽视的情况下得到了比较彻底地研究。这是因为在自然科学学科内部，"着眼于科学家的组织完善性、相对稳定性和比较公开化的实践，要比深入研究很多非自然科学研究领域那些难以捉摸、半私人性质的活动更能捡得好东西？"① 可见，科学社会学无疑是一个可供探险的绿洲。托马斯·库

① ［美］伯顿·克拉克著、王承绪等译：《高等教育新论——多学科的研究》，浙江教育出版社2001年版，第179页。

恩（Thomas Kuhn）的《科学革命的结构》对科学进步是理性和进化的过程的正统观点提出疑问，极大地影响了科学哲学和社会学的思维方法。罗伯特·默顿（Robert Merton）深受影响，成为科学社会学的奠基人之一，形成默顿学派。他们的主要特点是：偏爱经验性的"硬科学"；倾向于把所有自然科学学科合为一体而不考虑它们之间的内部差异；重视科学家生活方式中的诸如成才原因、发现的本质和与确定研究重点相联系的种种问题的这些显著特征。怀特利（R. D. Whitley）等人则在《科学发展的社会过程》中强调了对不同学科的发展进行比较研究的必要性，主张必须摆脱把各类科学的认知结构都看作一元化的完全有联系的观点。

（3）学科文化的比较研究

在学科文化的比较研究方面做出重大贡献的要数英国苏萨克斯大学教育系主任托尼·比彻教授，在伯顿·R·克拉克主编的《高等教育的观点：八个学科和比较视角》①（后经王承绪教授等翻译成中文版《高等教育新论——多学科的研究》出版）一书中"文化的观点"就是由托尼·比彻完成的。他在论述"以学科为基础研究学术文化"时，出于对 C·P·斯诺"两种文化"一书中一些观点的深刻不满，从社会人类学角度，在经验的基础上，用比斯诺更为精细的分析方法，探索各种学科文化之间的异同。他选择了生物学、工程学、历史学、法学、物理学和社会学等六个学科为研究对象，每一学科的取样来自英格兰大学和美国加州大学伯克莱分校中相当有代表性和有影响力的二至三个系。根据五类问题对每个学科中至少 20 位学者（从博士生到系主任）进行了访问。依据访问材料对每一学科作详尽的人类文化学描述，然后收集被访问者对描述的反应。在《学科文化的定义》一文中，托尼·比彻指出，某些科学社会学家把物理学、生物学和机械工程学视为可比的学科，这是对这三门学科的特征的严重歪曲；同时指出 C·P·斯诺把历史学、社会学和法律学视为自然的伙伴也是错误的。托尼·比彻认为在某些重要方面，生物学（严格地说，是植物学和动物学）和历史学才是最可比的学科。② 托尼·比彻的论据新颖、论证有理，伯顿·R·克拉克称誉"文化的观点"是高等教育八个观点中最新

---

① Burton R. Clark. *Perspectives on Higher Education*：*Eight Disciplinary and Comparative Views*. University of California Press，1984.

② Tony Becher. "Towards a Definition of Disciplinary Cultures. " *Studies in Higher Education*. 6（September 1981），pp. 109 ~ 122.

的观点。

在以往研究成果的基础上，托尼·比彻于1989年发表其代表作《学术部落和领地——理智探索和学科文化》①，这是一部比较系统地探究学科文化的专著。正如托尼·比彻所说，他写此书的动因也是从迷惑开始的，像其他许多人一样，读了C·P·斯诺《两种文化和科学革命》并被深深地激怒。作为受过良好哲学训练的托尼·比彻来说，他一直认为C·P·斯诺提供了有关科学和人文世界之间肤浅而概念错误的两极分化的观点，深信在学术界存在着更多无数和微妙的边界，并且在C·P·斯诺所描述的智力峡谷间有许多桥梁。托尼·比彻采用理论研究和实证研究相结合的方法，利用学术假期和访学的机会，访谈了英美18所大学12个学科的221位在各自学科领域中较有名望的学者。把学科视为一个个相对独立的"学术部落"，对"学术部落"的本质、社团生活、交流模式、学术生涯和学术部落与外部之间的关系等问题进行了探究，该专著在1989年出版后，引起了强烈的反响，受到了普遍好评。但高等教育的本质在20世纪中期到90年代末发生了根本的变化，从而导致"学术部落"的图景也出现了新的变化，因此，有必要对其数据和观点进行修改和补充，《学术部落和领地——理智探索和学科文化》于2001年再版时补充了保罗·特罗尔（Paul Trowler）在1991～1998年间实施的两项实证研究计划。即保罗·特罗尔在英国一所新大学进行的长达5年的人种学研究，涉及到对30个学科领域的50位学者的深度采访以及特罗尔和奈特（Knight）在10所加拿大和英国大学5个学科的24位学者进行的访谈。

综观国外诸多有关学科文化研究的文献，可以发现存在以下几点不足和缺陷：①缺乏对学科文化的历史性考察。在众多文献中，研究有关学科文化现状的明显多于关注历史的，大多文献仅仅选取一段极短的时间加以考察，呈现明显的非历史现象；②缺乏对学科文化概念体系和理论逻辑框架的构建。在学科文化的研究方面，存在着一种被英国人类学家克利福德·吉尔斯（Clifford Geertz）称为英国心理学中的原始的种族史现象，即崇拜事实。③缺乏对英美等发达国家之外国家的学科文化的研究。在学科文化研究方面呈现明显的"英美中心论"。

---

① Tony Becher. *Academic Tribes and territories*：*Intellectual Enquiry and the Cultures of Discipline*. The Society for Research into HE &Open University Press，1989.

四、研究的主要论题、研究方法和写作框架

在批判性地借鉴国内外有关学科文化研究成果的基础上，本书主要是针对学科文化研究中的"非历史性"、"泛理论性"等缺陷，试图进一步拓展学科文化研究的论题视域，初步构建学科文化研究的的概念体系和理论逻辑框架。因此，本书着重涉及以下三大问题：①大学学科文化的历史演变和成长逻辑；②大学学科文化的本质内涵；③大学学科文化的发展前景。

围绕这三大问题，本书运用历史的、组织的和文化的观点，从高等教育学、社会学、人类学、科学学、学科学、文化学等多学科视角，把大学学科视为科学—教育—社会三维结构中的一个中心要素，力求对大学学科文化的相关问题进行较为全面的论述。具体拟采用的研究方法如下：

1. 文献资料法。文献资料研究法是理论研究的重要方法之一，文献资料是对历史史实的现实再现。通过广泛阅读文献资料，可以知晓前人的研究现状，避免"瞎子摸象"的盲目性。

2. 历史法。历史是一面鉴往知来的镜子，具有反映过去和透视未来的功能。"从历史中我们可以看见自己好像站在时间中的一点，惊奇地注视着过去和未来，对过去我们看得愈清晰，未来发展的可能性就愈多。"① 通过追溯大学学科文化的起源，可以得知大学学科文化的成长逻辑和预知其发展态势。

3. 比较法。比较法指的是按照一定的标准，对研究对象在不同情景下的不同情况进行比较分析，以发现其本质属性的研究方法。本研究采用纵向比较和横向比较相结合，纵横兼顾的方法。纵向比较（历史比较）是对不同时期大学学科文化的纵断面的比较，横向比较是对同时并存的各种学科文化的横断面的比较。

基于以上的研究论题和研究方法，本书以大学学科文化的历史演变为逻辑起点和基本前提，从知识（学科文化的本原）、学科（学科文化的载体）和学者（学科文化的主体）三个方面揭示大学学科文化的本质内涵，在此基础上

---

① ［德］雅斯贝尔斯著、邹进译：《什么是教育》，生活·读书·新知三联书店 1991 年版，第58页。

展望大学学科文化的发展前景。这些论题的逻辑关系及论文的写作框架如图1所示。

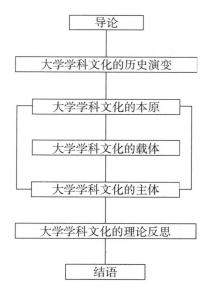

图1　本书研究内容的逻辑关系结构

五、大学学科文化研究的核心概念界定

在本书中，"学科"、"文化"和"学科文化"等属于核心关键词，为避免误解，有必要对它们的概念做出简单的阐析。

（一）学科

1. 什么是学科及大学学科

从词源上看，"学科"一词源于拉丁语的动词"学习"（discere）和从它派生出来的名词"学习者"（discipulus）。在英语中，"discipline"是指称"学科"的重要词汇之一。同时在法语（discipline）、德语（disiziplin）和拉丁语（disciplina）都有类似的含义。国外一些著名的辞书，如萨美尔的《英语词典》（第一卷）关于"discipline"有6条含义，1981年出版的《世界辞书》有9条含义，1989年出版的《牛津大词典》（第一卷）、1972年出版的《苏联大百科全书》等都对"discipline"作了多种解释。但一般都包括科学门类或某一研究领域、一定单位的教学内容、规范惩罚等含义。① 如果作进一步的语言分析不难发现，"discipline" 至少包括三重含义：一是学科、学术领域及相关的课程；二是严格的训练或熏陶；三是纪律、规范准则或约束。基于"discipline" 含义的多元性，福柯曾从"知识—权力"之间关系的知识社会学角度出发，论述了名词性"discipline"同时具有的动词性的"规训"意义。1989年戴维·R·沙姆韦（David R. Shumway）和埃伦·梅塞—达维多（EllenMesser-Davidow）创造了一个生造词——"Disciplinarity"，意为"学科规训"、"学科规训制度"等，以综合性地表达所包含的"学科、规训、建制"等多元内涵。

我国的一些辞书对学科也作了注释，比较权威的是《辞海》。1988 年出版的《辞海》对学科的注释为：①学术的分类，指一定科学领域或一门科学的分支，如自然科学中的物理学、生物学，社会科学中的史学、教育学等。②教学的科目，学校教学内容的基本单位。

我国教育界学者通常从以下三个方面定义学科：①学问的分支，即科学的分支和知识的分门别类，是一种发展、改进知识和学问研究的活动；②教学的科目，即教的科目和学的科目，是一种传递知识、教育教学的活动；③学术的组织，即学界的或学术的组织，是从事教学与研究的机构。② 刘仲林对国内外学者关于学科的界定作了总结，他把学科看成是一种动态的社会活动，把学科定义为基于动态和社会活动的分析。陈燮君则从创生和发展的角度把学科定义为基于创生与发展的分析，提出了学科创生的五大指标体系：特有的研究对象；学科应是时代的产物；学科创始人和代表作；精心营造的理论体系和独特的研究方法等。③

伯顿·R·克拉克认为"学科明显是一种联结化学家与化学家、心理学家与心理学家、历史学家与历史学家的专门化组织方式，它按学科，即通过知识领域实现专门化。"④ "根据独特的理智任务，每一学科都有一种知识传统——即思想范畴——和相应的行为准则。"⑤ 托尼·比彻把学科看作是一个个既相

① 王长纯：《学科教育学概论》，首都师范大学出版社 2000 年版，第 3～5 页。

② 胡建雄：《学科组织创新》，浙江大学出版社 2001 年版，第 243～244 页。

③ 刘仲林：《现代交叉科学》，浙江教育出版社 1998 年版，第 19～28 页。

④ ［美］伯顿·R·克拉克著、王承绪等译：《高等教育系统——学术组织的跨国研究》，杭州大学出版社 1994 年版，第 34 页。

⑤ 同上书第 87 页。

互独立又相互联系的"学术部落"。

综合以上对学科含义的各种解释，本书认为，学科就是根据一定的理智任务及知识自身的特点而对知识进行的有组织的社会分组，是拥有自己的一套观念、方法和主要目标的相对独立的知识体系。

对"学科"的含义厘清后，我们不难对"大学学科"作出定义。"大学学科"除了具有一般学科的共性之外，还具有自身的个性。本书所称的大学，泛指培养专门人才、进行科学研究和服务社会的学术组织，因此，大学学科就是根据培养专门人才、进行科学研究和服务社会等任务及知识自身的特点对知识进行的有组织的社会分组，是拥有自己的一套观念、方法和主要目标的相对独立的知识体系。大学学科与科学、专业、课程都是密切联系且容易误解的几个概念，分清它们之间的关系有助于更好地理解大学学科的含义。

2. 大学学科与科学

"科学"一词，来自拉丁文的"scientia"或"scirc"，是"认识"或"学问"的意思，德语"diewissenschaft"指"知识"或"了解"的艺术。康德在《自然科学的形而上学起源》的首页把"科学"定义为"每一种学问，只要其任务是按照一定的原则建立一个完整的知识系统的话，皆可被称为科学。"汉斯·波塞尔的《科学：什么是科学》把科学界定为"真实陈述句构成之系统。"并认为"科学要求科学性的陈述与表达必须含有认识，并且是真正的、经得起检验的认识，是科学的本质特征。"① 《简明英汉词典》认为科学是对现象进行观察、认知、描述、实验性的研究及理论上的解释，而《美国传统词典》把科学等同于自然科学，是局限于自然现象的活动。现在一般都把"科学"定义为正确反映客观事物本质和规律的知识体系。

可见，知识或学问是"科学"和"学科"共同的细胞，"科学"和"学科"因为知识而紧密联系在一起。科学是以问题为基点不断生长的，然而并非所有的问题或科学研究领域必然都会产生学科，只有那些具有独立的研究内容、成熟的研究方法、规范和学科体制的科学领域最终才会形成新的学科。学科是科学研究发展到成熟或相对成熟阶段的产物，但科学的发展水平和程度决定学科的发展水平和程度，科学自身的规律决定学科的规律，科学的发展决定

---

① ［德］汉斯·波塞尔著、李文潮译：《科学：什么是科学》，上海三联书店2002年版，第7～11页。

学科的建设和发展。正如清华大学教授蔡曙山所说："科学是第一性的、决定方面的因素，学科是第二性的、被决定方面的因素。"① 但学科也不是被动的，它对科学也有反作用，学科的不断分化和发展也促使科学总体不断向前推进。

3. 大学学科与专业

专业的内涵比较宽泛，我们一般可从广义、狭义和特指三个方面去界定。广义的专业是指伴随着社会分工而出现的各种职业；狭义的专业是指某些必须经过专门教育和训练以获得较高专门知识和能力才能胜任的社会职业，如医生和律师等；特指的专业是指高等学校中的专业。它是依据社会的专业化分工确定的、具有明确培养目标的基本教育单位或教育基本组织形式。陈伟博士把专业定义为以体制化、系统化的知识为基础，以专门的教育培训机构为繁衍机制，能为从业人员提供全日制、独立化的职业发展道路的成熟职业，它一般会以社群性协会为组织基础，以行会性伦理规则为行为规范，通过为顾客提供专业性服务，寻求专业社群以外社会权威或其他利益群体的价值认同，并在专业范围内赢取工作自主和实践自由，甚至进而在实施专业垄断的基础上攫取社会声望、提升社会地位，实现对专业社群自身利益的有力维护和全面捍卫。②

可见，大学学科和专业都以知识为基础，以一定的组织机构为依托，以专业人才的培养为目标，都是大学师生活动的主要领域。二者还相互交叉，一个较大的学科门类，可以包括很多专业；而一个专业又能涵盖许多学科的知识。但大学学科分化在前，专业形成在后。一个新学科的形成主要表现为学科知识体系的分化或不同学科的综合，而一个新专业的设置则主要取决于办学者对该专业人才社会需求的价值判断。③

4. 大学学科与课程

课程（curriculum）来源于拉丁语 race-course，原意为"跑马道"。后用在教育上指学校为学生所开设的、学生应该学习的各种教学科目。在中外教育文献中，有关课程的界说也是莫衷一是。最广义的课程概念，可以包括一个人所经历的全部学习、生活甚至工作过程。最狭义的课程概念，专指学校中某一门

① 蔡曙山：《科学与学科的关系及我国的学科制度建设》，《中国社会科学》2002 年第 3 期，第79 页。

② 陈伟：《西方学术专业的比较研究——多学科视域中德、英、美大学教师的专业化运动》，浙江大学教育学院博士学位论文 2003 年，第 12 页。

③ 罗云：《我国重点大学的学科建设研究》，华中科技大学博士学位论文 2002 年，第 32 页。

学科（如数学课程）甚至某一类型的课（如数学课程中的习题课）。国内潘懋元教授等认为，课程是指学校按照一定的教育目的所建构的各学科和各种教育、教学活动的系统。它包含着三个基本要素：①课程是有目的的，不是自然发生的；②课程是有组织的体系，而不是杂乱无章的；③课程包括学科体系，也包括其他有目的的教育教学活动体系。①

可见，大学学科和课程都以知识为依托，都是对知识的一种加工、利用和发展。课程以学科知识为基础，而学科知识通过课程拓展和传播。关于二者的区别，罗云博士认为，学科是一种对知识的分类，而课程既可以是对知识的分类，也可以是对知识的组合。作为对知识的分类，二者有一致的地方，一门课程可能就是或有可能发展成为一门学科。而作为对知识的组合，一门课程则可以包含许多学科。学科对知识分类的主要依据是知识自身的逻辑体系，而课程不论是对知识的分类还是组合，都需要考虑学生的年龄特点、知识基础、接受能力和知识间的相互联系等因素。大学设置学科的目的是通过对知识分门别类地教学和研究，培养系统的掌握某一学科知识的专业人才并促进学科知识的发展和完善，而大学设置课程的目的则是通过对知识分门别类地教学和研究，从而为培养高级专业人才打好基础。②

（二）文化

"文化"是一个外延非常宽泛、内涵歧义丛生的词汇，它是一张"无网之网"，是世界与人生的巨大包容体。"文化"一词在我国出现得很早，《周礼》上说，"观乎人文以化天下"；汉刘向在《说苑》中说，"凡武之兴，谓不服也，文化不改，然后加诛"；晋束皙《补亡诗》中说，"文化内揖，武功外悠"；南齐王融《曲水诗序》中说，"设神理以景俗，敷文化以柔远"等。③这些都是文治教化之意。

"文化"一词在英文中为"culture"，德文为"kultur"，都来自于拉丁语"cultura"。其意为"耕作、培养、培育、教育和发展"等。随着这一意义的扩展，它又具备了"受过良好的培育"的意义，也就是英国诗人、文学评论家和教育家马修·阿诺德（M. Arnold）在他的《文化与混乱》中指出的那种

① 潘懋元、王伟廉：《高等教育学》，福建教育出版社 1995 年版，第 127 页。
② 罗云：《我国重点大学的学科建设研究》，华中科技大学博士学位论文 2002 年，第 33 页。
③ 箫声：《文化概念考》，《湖南社会科学》1989 年第 5 期。

区别于野蛮人的有教养的文明人；或许还可以说就是备受学校赞美的有教养的人。1871 年英国人类学家爱德华·泰勒在其《原始文化》中第一次把文化作为一个中心概念提出，认为："文化或文明，就其广泛的民族学意义来说，乃是包括知识、信仰、艺术、道德、法律、习俗和任何人作为一名社会成员而获得的能力和习惯在内的复杂整体。"① 该界定把文化和人类社会生活密切联系，为往后的文化概念的界定提供了基本的线索和域限，从此被学界所沿用和流传。不同学科的学者从其学科背景出发考察文化而给出不同的定义，从而导致文化成为一个定义繁多并难以统一的概念。

1971 年出版的德意志民主共和国《迈尔百科辞典》把文化定义为"人类社会在征服自然和自我发展中所创造的物质和思想财富。"1981 年版的《美国大百科全书》认为"文化是群体的行为模式和生活方式，是一切人群可观察的具有特色、表示各部落社会特性的一种特征群。"同年出版的《法国大百科全书》中则把文化看作是"一种社会群体所特有的文明现象的总和。"

C·P·斯诺在他的《再论两种文化》一书中，特别提到了"文化"的两种不同含义："词典中对'文化'一词的定义是'智力的发展，思维的发展'；人类学家则用'文化'这一术语表示生活在共同环境中，并由相同的行为习惯、共同的信仰和共同的生活方式联系在一起的人类群体。"② 其中第二种定义如同埃弗雷特·休斯（Everett Hughes）所说，"当一组人形成了一点共同的生活从而与其他人有了一定的距离，当他们占据社会一个共同的角落，有了共同的问题，或许有了几个共同的敌人的时候，文化便产生了。"③ 托尼·比彻教授把文化看作是"一种共同生活的思维方式和集体的行为方式"。④ 这和 C·P·斯诺关于文化的第二种定义以及埃弗雷特·休斯的文化解释如出一辙。本书也主要是从这个文化意义出发去探究学科文化的。

---

① ［英］泰勒：《文化之定义》，庄锡昌等：《多维视野中的文化理论》，浙江人民出版社 1987 年版，第 99 页。
② ［英］C.P. 斯诺著、陈克艰、秦小虎译：《两种文化》，上海科学技术出版社 2003 年版，第 52 ~ 54 页。
③ ［美］伯顿·R·克拉克著、王承绪等译：《高等教育系统——学术组织的跨国研究》，杭州大学出版社 1994 年版，第 83 页。
④ ［美］伯顿·克拉克著、王承绪等译：《高等教育新论——多学科的研究》，浙江教育出版社 2001 年版，第 16 页。

（三）学科文化①

对于"学科文化"，目前没有统一的定义。国内学者关于学科文化的定义已经在前面的大学学科文化研究的国内现状中进行了阐述，在此不再赘述。

国外研究学科文化的学者也没有给出有关"学科文化"的明确定义。伯顿·R·克拉克从组织的观点出发，认为高等教育是由生产知识的群体构成的学术组织，它既是一种社会结构，又是一种文化存在。其中学术文化（学术信念）是其组织特质和基本要素，学科文化是学术文化的核心和基础。学科文化根植于学科，每一学科都有一种知识传统和相应的行为准则。这种知识包含特定的理论、方法论和专门的技术。每门学科的成员拥有共同的信念，拥有自己的符号系统、价值观念、学术精神等，这些正是学科文化的组成部分。

托尼·比彻把学科视为一个个相对独立的"学术部落"，每个部落拥有各自不同的文化，具有认可的身份和特别的文化属性。

综观国内外有关"学科文化"的定义，可以看出学科文化都包含着三样共同的基质——人、知识和学科。人是指经过系统学习、掌握有关学科知识、技术和方法，具有一定的学术精神、价值观念和行为准则的学者，是创造学科文化的主体。知识是指人类在实践过程中对自然、社会和人自身进行认识的结果，本书的研究所称的知识特指一种具有专门化、自主性和累积性等特点的高深而特殊的理智材料，是形成学科文化的本原。学科是根据一定的理智任务及知识自身的特点而对知识进行的有组织的社会分组，是拥有自己的一套观念、方法和主要目标的相对独立的知识体系，是学科文化重要的载体。这样可以把学科文化的基本要素图示如下：

图2　学科文化基本要素

---

① 由于本书研究视野限定在高等教育领域，因此本书的学科文化指的是大学学科文化。

　　由此，本书认为学科文化是学者在一定时期内创造的以知识为本原、以学科为载体的各种语言符号、理论方法、价值标准、伦理规范以及思维与行为方式的总和。

第一章

大学学科文化的历史演变

当代英国著名的高等教育理论专家阿什比（Eric Ashby）爵士曾说过，任何类型的大学都是遗传和环境的产物。克拉克·克尔郑重强调："高等教育不能回避历史""当高等教育从为王族和上层阶级，为古代行业和教会服务，转到为近代比较民主化和工业化的社会以及建立在新的知识和较高的技能基础上的社会的所有人和一切机构服务的时候，它不能回避历史。"① 历史是一面镜子，高等教育的研究不能回避历史，探究大学学科文化的演变和生长逻辑也不能回避历史。

历史的研究是一种时间维度上以问题为中心的反思活动，"真正的历史学并不是一味按照年代顺序挖掘整理历史材料的一门学科，而是一门解决问题的学科，它向现实（或一度是现实的）世界提出种种问题，并努力探寻问题的答案。"② 它重在理解历史、解读过去以把握现在、预测将来，在稳定与变革的矛盾互动中寻求事物发展的规律和社会运动的趋势，具有独特的方法论意义。正如哈罗德·珀金指出，"如果一定要我们把历史方法的特殊性加以明确的话，我们不妨说历史方法研讨的是变革和稳定。既研究影响全部人类组织机构兴衰的潜在过程，也研究对待变革的顽固抵抗行为。当历史学家走上战场与难以驾驭的过去开始较量时，写在他的战旗上的警语是'事物虽在变化，其名仍然无异'。"③

大学学科文化的研究与人类思维模式的转换密切相关，英国阿伦·布洛克

① ［美］克拉克·克尔著、王承绪译：《高等教育不能回避历史——21 世纪的问题》，浙江教育出版社 2001 年版，第 5 页。
② ［美］伯顿·克拉克著、王承绪等译：《高等教育新论——多学科的研究》，浙江教育出版社 2001 年版，第 23 页。
③ 同上书第 24 页。

认为，西方思想分三种不同模式看待人和宇宙。第一种模式是超越自然的，即超越宇宙的模式，集焦点于上帝，把人看成是神创造的一部分。第二种模式是自然的，即科学的模式，集焦点于自然，把人看成是自然秩序的一部分。第三种模式是人文主义模式，集焦点于人，以人的经验作为人对自己、对上帝和对自然了解的出发点。其中的第一种模式在中世纪占支配地位，当时的西方思想同神学有着一种特殊关系。人文主义的模式同文学和艺术、史学和社会思想有着同样密切的关系。虽然这种模式可以从古代世界吸收哲学传统，但是它的现代形态只有在文艺复兴时期才能形成。而科学的模式到 17 世纪才形成。① 为此，本书的研究选取了中世纪、文艺复兴时期和启蒙运动以来等三个重要阶段来探究大学学科文化演变和生长逻辑。

一、中世纪大学学科文化

欧洲中世纪是现代大学的肇始，本书将主要从大学的产生及其文化资本和中世纪大学的学术生活两个方面来探究这一时期的大学学科文化。

（一）中世纪大学社团的产生及其文化资本

一般而言，现代意义上的大学起源于欧洲中世纪。历史上，一般把公元476 年西罗马帝国灭亡到 14 世纪下半期文艺复兴运动这段时期称为欧洲的"中世纪"。因为日耳曼民族的入侵，把人类创造的辉煌的古希腊、古罗马的文化连同罗马帝国的奴隶制一同摧毁。正如恩格斯所说："中世纪是从粗野的原始状态发展而来的，它把古代文明、古代哲学、政治和法律一扫而光，以便一切从头做起。"②

宗教神道文化成为中世纪统治一切的文化形态，这种文化把上帝看作是绝对而唯一的本体和最高的存在，将对上帝的信仰看作是人的终极理念。正如经院哲学家英国的坎特伯雷大主教安瑟伦所说："我的上帝，你是确确实实存在着的，决不能被设想为存在……除了你之外，所有其他的存在者都可以设想为不存在。只有你，只有你的存在，比一切其他存在者的存在最为真实，并且有

---

① ［英］阿伦·布洛克著、董乐山译：《西方人文主义传统》，生活·读书·新知三联书店 1997 年版，第 12～13 页。

② 马克思、恩格斯：《马克思恩格斯全集（第七卷）》，人民出版社 1979 年版，第 400 页。

最高的存在性。"① 正是这种扭曲了的文化充斥着黑暗的中世纪，并且对人类一切科学和世俗性的文化与知识充满敌意，远离了对人的灵魂的净化和升华的关心，其神圣与虔诚的外衣之下掩盖的各种伪善和丑恶暴露无遗。黑格尔曾指出，这个时期的宗教的虔诚显示着一般的迷信——意志深锁在一个感官的东西、一个单纯的东西中——表现出最不同的形态：第一是对于权威的奴性的顺从，因为精神已经离开了它自己，已经丧失了它的自由，所以牢不可破地被束缚于某种外在它自己的东西上；第二是对于奇迹的最荒谬和最幼稚的相信，因为人类为了纯属有限的和特殊的目的，假定神明显示在一种完全不相联系和有限制的方式里；接着就是权力欲、放纵淫佚、种种野蛮的和卑鄙的腐败情形、伪善和欺骗——这一切都表现在教会之中。②

在社会形态上，中世纪欧洲是一个四分五裂、高度分权的文明之地。没有一个中心具有至高无上的权威和权力。在它的政治意识和理智意识的中心，是基于教皇杰拉西乌斯二世的双剑说的二元论，即世俗的与宗教的、帝国的与教皇的。神圣罗马帝国和罗马主教管区都自称是古代罗马皇帝的合法继承者。这种二元论把中世纪社会从头到脚一分为二，社会成为一种典型的国家与教会的二元结构，并派生出两种不同的法律和法院，导致了为权力而进行的物质上的和军事上的斗争。这种斗争不仅表现在帝权和教权之间，而且也表现在它们的各级社会政治阶层中的追随者和同盟者之间。③

11 世纪到 13 世纪的欧洲被称为"中世纪的精华"，是中世纪复兴时期。造成中世纪复兴的因素很多，主要有以下几个方面：

1. 十字军东征。12 世纪成千的基督教徒怀着"打击异教徒、恢复传统教会的基督教圣地"的目标从西欧来到了东方，这次东征给东西方人民带来了深重的苦难，但另一方面，它刺激了经济贸易，加强了与东方的文化接触，建立了学习和学术中心。阿拉伯人的数学、天文学对他们产生了影响，并且通过阿拉伯人认识了古希腊的自然科学、医学和哲学，这就大大扩大了西欧人的眼界和视野。

---

① 北京大学哲学系外国哲学史教研室编译：《西方哲学原著选读（上卷）》，商务印书馆，1981年版，第 242 页。

② 黑格尔著、王造时译：《历史哲学》，上海书店出版社 1999 年版，第 425 页。

③ ［美］伯顿·克拉克、王承绪等译：《高等教育新论——多学科的研究》，浙江教育出版社 2001 年版，第 28 页。

2. 托钵僧团体的兴起。13 世纪初，西欧出现了两个著名的托钵僧团体——圣方济和多明我。他们生活艰苦，但乐于讲道和服务，其追随者不久转向教学，并且赢得了高等教育机构的领导地位。当原本发挥巨大宗教教育作用的修道院"更加重视忏悔、祈祷和隐居生活"，"对教学工作的兴趣降低了"的时候，托钵僧就承担了这个责任。① 这些托钵僧以神职身份接替修道院从事教学职业的学者，在西欧文化沉寂多时的情况下，通过译介阿拉伯文化、整理由阿拉伯保存的古希腊罗马文明，积累了深厚的理智基础和丰富的文化素材，并很快发展成为以知识和学术为业的知识分子团体。

3. 新兴城市的出现。大约在 12 世纪，欧洲社会逐步由混乱走向安定。周围蛮族的入侵告一段落，庄园制的社会经济随着新技术的应用而逐步走向繁荣。更为重要的是，随着生产力的发展和人口的增长，商业开始复苏，随之而起的是，原来只是作为宗教圣地和政治基地而存在的城市全面恢复了活力，成为商业基地，这些新兴城市的零星出现和逐渐发展为中世纪带来了自由的空气和世俗的精神。

大学正是在这些条件下应运而生，是中世纪复兴的必然结果。当时在每一个城市里，只要某一职业有大量的人，这些人为了保护自身利益就会组织起来，从而引入有利于自己的垄断机制。这样，城市中商人和手工业工人组成各种行会，当时叫 universitas，它们用从国王、贵族、主教或修道院院长那里买来的"特许状"来确保其免受各种封建制度的束缚，从而获得行会自主权。Universitas 进而指代任何具有共同利益和享有独立合法地位的团体组织，它既可以是一个手工业行会也可以是一个市政团体。大学就是在这种分权的、有社团思想的时代精神影响下发展起来的。同其他行业的行会一样，它最初不过是一些中世纪的知识分子自发组织起来的一个社会团体。学者之所以聚集在一起，无非是出自对知识和学问的共同兴趣和爱好，期望在相互切磋和交流中满足自己的好奇心和求知欲，在有限的意义上可以说是为学习本身的概念而存在的。"大学，无论是教师的还是学生的，都不过是行会的一种特殊形式：大学的上升仅为 11 世纪广泛盛行于欧洲城市中的巨大结社运动的一波而已。"②

① ［美］S·E·佛罗斯特著、吴元训等译：《西方教育的历史和哲学基础》，华夏出版社 1987 年版，第 157 页。

② Hastings Rashdall. *The Universities of Europe in the Middle Ages（Vol. I）*. Oxford at the Clarendon Press，1987，pp. 151～152.

最早的中世纪大学产生于意大利南部的萨勒诺（1131 年获准），科学史家梅森认为，中世纪大学主要分为三种："第一种是教会创办的，学生和教师在一个校长领导下形成一种密切配合的团体，像巴黎、牛津和剑桥那样。第二种是公立大学，由学生选举出来的校长总揽校务，如波洛尼亚和帕多瓦等大学那样。第三种是国立大学，由帝王征得教皇认可而建立的，如西西里的腓特烈二世成立的那不勒斯大学都属于这一类。"① 第一种大学一般被称作为"教师大学"；第二种大学由于学生在决定教师聘任等方面拥有很大权力而被称为"学生大学"；第三种大学在类型上一般都是"教师大学"。因此，一般认为中世纪大学主要有两种类型：一种是以萨勒诺、波洛尼亚大学模式为基础的意大利大学，它是世俗的，以学生为中心并以满足市场需要为目标。另一种是巴黎的比较传统的教会大学模式。教师控制学生，教师由教会委任，向教会领取俸给，自主性有限。学生大学模式在以后的发展中逐渐失去其影响力，教师大学成为了主流模式。

这些大学的学生来自世界各地，用中世纪欧洲通用语——拉丁语教授"七艺"（文法、逻辑、修辞、算术、几何、天文、音乐），具有"国际性"。大学需要从皇帝、教皇、国王、主教或至少是市镇那里获得一张特许状，最好和最高特许状是教皇或皇帝授予的 "a studium generale" 和 "ius ubique docendi"，前者使大学获得了国际性地位，后者使大学具有在各地教学的权利，意味着大学的学位得到国际性的承认。

中世纪大学发展很快，12 世纪的四所大学——萨勒诺大学、波洛尼亚大学、巴黎大学和牛津大学到 1300 年已经在意大利、法国、西班牙和英格兰发展到了 16 所，到了 1400 年在远至奥地利、波兰、波希米亚的整个中欧又增添了 14 所，到 1500 年在远至苏格兰、匈牙利、斯堪的纳维亚等地方再增添了 28 所。② 大学是一个学者团体，具有严密的组织、法人的性质、自己的章程和共同的印记。

大学的出现和壮大，令其他势力感到不安，"各大学在它们出现的城市里，由于它们成员的数量和质量，是一种令其他势力感到不安的力量的表

---

① ［英］斯蒂芬·F·梅森：《自然科学史》，上海人民出版社 1962 年版，第 94 页。
② ［美］伯顿·克拉克著、王承绪等译：《高等教育新论——多学科的研究》，浙江教育出版社 2001 年版，第 30 页。

现。"① 大学越来越受到来自世俗势力和教会势力的关注，尤其是教会，为了实行文化垄断，采取笼络、恐吓、压制等各种伎俩，企图将大学网罗于自己的门下。地方政府则利用交税、提高日用品价格、动用警察等手段干预大学。大学就依靠其自身的团结和坚定，采用罢课、迁移等手段进行抗争。"世俗势力和教会势力从大学成员的存在中得到了许多好处，他们是一批不容忽视的经济上的主顾，并为培训顾问与官员们提供无与伦比的教育场所，还是造成赫赫声望的基础，因此罢课和分离出去的强硬方法不会不奏效。"② 在 12～13 世纪，大学与地方政府、教会间发生了一系列冲突，然而，冲突中最大的受益者还是大学。大学获得了一系列特权。这些特权主要有三方面："法权自治——在教会的某些地区性限制范围内有向教皇上诉的权力；罢课和分离独立的权力；独揽大学学位授予的权力。"③

即使到了中世纪后期，大学逐步被教会垄断，但大学的大多特权还是延续下来，正因为大学拥有一定的自主权力，才得以始终能够与其他利益团体间保持其相对的独立性，而这种相对独立性，也从此决定了大学不可能完全沦为社会任何其他部门的附庸。正如雅克·勒戈夫所说："大学组织看来注定要从一个社会阶层或集团向另一社会阶层或集团转化。它看来必将一个接一个地背离所有其他的人。对教会、对国家、对城邦来说，它都可能是特洛伊木马。它是无法归类的。"④ "中世纪大学的自主传统并没有被后世的大学完全承继，但是它却成为此后大学为争取自身独立自主地位而可资利用的文化资本和楷模。"⑤

（二）中世纪大学的学术生活

学术生活是一个比较宽泛的概念，本书主要是从大学社团的组织机制及其道德与宗教力量；大学的学科、教学及课程设置；以及大学中的学者及其思维方式等三个方面探究中世纪大学的学术生活。

1. 大学社团的组织机制及其道德与宗教力量

一般而言，中世纪大学由四个学部组成：文学、法学、医学和神学。但大

---

① ［法］雅克·勒戈夫：《中世纪的知识分子》，商务印书馆 1996 年版，第 60 页。
② 同上书第 63 页。
③ 同上书第 68 页。
④ 同上书第 66 页。
⑤ 阎光才：《识读大学——组织文化的视角》，教育科学出版社 2002 年版，第 38 页。

学开办之初仅是些独科性大学，如萨勒诺大学是一所在原来的医学学校基础上建立起来的专门从事医学教育和研究的大学；波洛尼亚大学开始时只有法学；巴黎大学是在巴黎圣母院附属神学院的基础上建立起来的。所谓高等学部是指法学、医学和神学这三个学部，它是专门学部，由院长（Dekan）为首的名誉教团或董事会（Regenten）领导。文学属于基础教育，其规模小，是按民族馆形式组成的。教师和学生大致上根据其出生地划分并组织起来。如巴黎大学有四个民族：法兰西、皮卡尔德、诺曼底和英格兰。每个民族归一个受董事会管辖的代表（Prokuror）领导。四个民族的四个代表协助文学部的首脑即院长（Rektor）工作。大学在这四个学部之上还有总的机构，但因为这些学部很少有共同的问题需要讨论而使得这种机构一向显得极为松散。

大学社团精神上的团结是依靠道德和宗教力量来维持的。大学规章中确定了集体的节假日和娱乐活动，为庆祝团结和新成员的加入，他们往往举办馈赠、娱乐和宴会活动。仪式中的庆祝活动包括了资格最老的一帮成员的会饮（potaciones），社团组织通过它来体现出自身根深蒂固的团结。学者的骨干就是在这些游戏娱乐中显露出来的，他们还要拿出自己国家的传统特色，如意大利的芭蕾舞、西班牙的斗牛等。

有些礼仪，虽然规章没有规定，但也已经约定俗成。如大学新生、通过考核者和第二学期学生在进大学时要经历的入学礼仪。引导新生入学叫作"清扫"典礼，意为去掉年轻人身上粗俗的习气和野蛮的兽性。通过一个滑稽模仿的忏悔仪式，使未来的学者摆脱了他的来历而使其原始的蒙昧被分解，几乎成为内容被掏空了的躯壳显露出来。这种仪式使人想起的是："知识分子将要摆脱乡土的氛围、农业的文明和蛮荒的世界。"①

此外，大学规章还规定了大学社团应该完成的敬神动作和良好行为。要求其成员参加一些礼拜仪式和经常做祷告。中世纪大学的首要信仰是对佑护圣徒的朝拜，大学生一般朝拜庇护人圣尼古拉，医学学生和其他许多人则把圣柯斯马和圣达米安作为庇护人加以朝拜。一般而言，大学社团的虔诚笃信是同巨大的社会精神潮流一致的，如14世纪巴黎"圣母"学会的规章就反映出了教师与大学生们参加风行一时的圣餐礼拜和"基督复活"的游行情况。但大学也并不满足于在社会精神潮流中随波逐流，它们有时也试图引导这一潮流或在潮

---

① ［法］雅克·勒戈夫：《中世纪的知识分子》，商务印书馆1996年版，第74页。

流中另辟蹊径，如从 13 世纪初，在独身和男性的大学环境里广泛流传着圣母崇拜。另外，在知识分子的宗教信仰方面，职业道德也成为了宗教优先考虑的范围。为适应不同社会阶层专门行业的需要，忏悔神父尽力根据不同的职业特点在忏悔手册中规定不同的忏悔与赎罪的内容，其中尤其注意知识分子和大学成员的罪责。①

2. 大学的学科、教学及课程设置

中世纪大学是分科培养人才的开始，大学分科，科相当于现在的系。一般来说，每个大学设有四科：文学、法学、医学和神学。文学属于基础教育，学习内容主要是拉丁语和"七艺"，"七艺"又分为"三艺"和"四科"。第一阶段学习"三艺"，即文法、修辞和逻辑，学习结束后通过考试获得"学士"学位。然后再修习其他"四科"即算术、几何、天文和音乐，"四科"结束通过考试取得硕士学位。学士和硕士学位是取得大学专门系科入学资格的一个标志，亦即取得硕士学位以后才有资格选修其他三科，然后在其中任何一科通过考试毕业即可获得博士学位。拥有博士学位就可以担任大学教授或从事法官、医生等职业。在三科之中，最难学习、水平和地位最高的是神学，神学毕业生的前途也最好。

逻辑在中世纪大学的教育中处于绝对主导地位，它不仅体现在教学形式上，也体现在所使用的材料的选择上。基本的课程，几乎全是有关逻辑论著的阐述。如波菲利为《范畴篇》所写的导论，有关解释问题的一些论著，波伊提乌论学科分类的论著，他的《正位篇》的前三部，② 亚里士多德的《正位篇》与《辨谬篇》，《前分析篇》与《后分析篇》，最后还有普里西安的《文法基础》。可见，亚里士多德的《工具论》仍然是几乎唯一的主题。但逻辑这个词比较笼统，其关键的问题在于教会人们如何进行论辩，而不是如何去推理。所教授的东西首先就是辩驳的技艺，其重要性超过了证明的技艺。当人们旨在寻求真理而真诚善意地使用论辩，其实质就是在真正地操习辩证法，因为

① ［法］雅克·勒戈夫：《中世纪的知识分子》，商务印书馆 1996 年版，第 74～75 页。

② 波菲利（Porphyry，约 234～305 年）新柏拉图主义希腊哲学家，师从普罗提诺。为亚里士多德《范畴篇》所作导论后来被波伊提乌译成拉丁文，成为中世纪标准教科书。"波菲利之树"是中世纪研究逻辑分类的重要观念。波伊提乌译了亚里士多德的《工具论》，包括《范畴篇》及波菲利对此篇所做的注释，还撰写了《范畴篇》、《解释篇》的注释，这些注释和译著广泛被用于中世纪早期的辩证法教材。而他翻译的《前分析篇》、《后分析篇》、《正位篇》与《辨谬篇》同以上两篇共同构成亚里士多德的《工具论》，一直到 12 世纪才被人发现。

辩证法就是以富有说服力的方式去论证似真的命题。论辩是辩证法这种技艺实践的一项基本程序，所以，辩证法从根本上也就是论辩的技艺了。中世纪所确立的唯一一门说明性、证明性的学问就是数学，因为希腊人已经把这门学问发展得相当成熟了。除了数学之外，论证似乎成为可供人的思维以最小的错误几率区别真理和谬误的唯一方式。任何事情都交付公开论辩，"严格意义上的论辩被认为是众学之王"，"学习如何思考就在于学习如何论辩"。①

文法被认为是与逻辑关系极为密切的一门学问，在许多情况下是很难划清它们之间的界限的。在文法小学校里，拉丁文法的基础知识是靠死记硬背获得的，随着年龄的增长（12～15 岁阶段），文法教学性质发生改变，语言的研习要求必须从思维的角度来说明语言的规则。因为人类思维及其所服从的基本法则的趋同性，就会导致它的语言表现形式的一致性和存在某种独此一份的基本文法——某种与人的思维相对应的人的文法。正如 13 世纪一文法学家所说："由于事物的性质与人们的所思方式在所有人那里是一致的，所以，他们表达自己的方式也必然是一致的。因此，支撑着某人言语表达方式的文法，与支撑着另一人言语表达方式的文法也是一致的。它们都只是同一种类的不同表现，之所以会有差异，只是因为它们所使用的语词形式不同，而这是一桩纯粹偶然的事实。所以，一个人只要了解了一种语言的文法，也就了解了其他语言的文法，至少了解了它们的本质。"通用文法是一门抽象的学问，和几何没什么两样，其目标就是要发现语言的通用规则。正如 13 世纪多明我僧侣科尔瓦比所说："几何学所探求的并不是具体的线或面的大小，而是以一种纯粹的方式来探讨大小。同样，文法所探讨的也不是拉丁文或希腊文的结构，是从任一特定语言独有的那些特性里抽象出来的。"这种通用文法显然就是语言的逻辑。拉丁文就是文法的具体研究素材，研习拉丁文所探求的就是语言的一般形式和法则。至于高卢拉丁语、日尔曼拉丁语和意大利拉丁语都是它的特殊的亚种而已。把拉丁语作为自然的研究素材，其目的是想建构这种语言的几何学。②

在中世纪大学里，形而上学、伦理学、数学、自然史、天文学等科目都属于"非常设课"（extraordinaires），不属于常规必修课程。它们的授课时间都

---

① ［法］爱弥尔·涂尔干著、李康译：《教育思想的演进》，上海人民出版社 2003 年版，第 212 页。

② 同上书第 193～194 页。

定在正式学术时间之外的公共假日，或平常时间的下午。在基本的必修科目中，没有发现宗教方面的教导，可见，那时的课程体系中，宗教根本不占显著地位。这是因为"中世纪根本就不存在宗教教导的概念，无论是关于宗教教义，还是关于宗教仪轨的意涵，都未开设任何课程。严格意义上的宗教教育是在宗教改革之后才出现在学院里的。"①

维吉认为中世纪大学的教学已成为了一种虽非终身但大多是全职的行为，成为了一种真正的专业，其原因部分在于不同学科已经形成了正式而又真实的教学内容或教学方法。② 不管具体科目是文法、逻辑、伦理、法学还是医学，都贯穿着同样一种特性：它总是体现为对一部具体著作的评注。所谓"评注"（lectio），是指"从细扣'字词'（littera）的语法解析开始，进而达到提供'意义'（sensus）的逻辑说明，最后以阐明科学与思想内容（sententia）的诠注作为结束。"③ 讲授一门科目，就在于深入阐发一定的普遍真理。即知识这个问题的关键并不在于知晓某些具体的事情，而在于理解某些权威性的作者对这些事情都说了些什么。在各门学问中，教学都在于阐述某一部探讨该学科的据说是权威性的著作。因此，13 世纪初，大学开始出现了研习大纲，详细开列出每位学位候选人必须修读的知识领域。研习逻辑，就包括如何阐述亚里士多德的《工具论》（Organon），研习物理，就在于阐述亚里士多德的《物理学》（Physics）和《自然短论》（Parva Naturalia）。通常采用解经的方法研读这些书来提取出其中的知识，正如罗吉尔·培根所说："当你对文本有了透彻的了解，也就对该文本所探讨的那门学问中的一切都有了透彻的了解。"因此，中世纪时研读一门课程，就称作"读一部书"（legere librum）或"听一部书"（audire librum）。④

由于课程基本上由对著作、经文的评注和诠释组成，其所使用的著作及其作者，也是随着时间和地点变动的。这样导致课程开始很不确定，各大学相差很大。如在人文学院占主要地位的是逻辑学和辩证法，在巴黎大学几乎评注了

① ［法］爱弥尔·涂尔干著、李康译：《教育思想的演进》，上海人民出版社 2003 年版，第 195 页。

② Hilde De Ridder-Symoens（ed.），*A History of the University in Europe*（Vol. I），Cambridge University Press，1992，pp. 154.

③ ［法］雅克·勒戈夫：《中世纪的知识分子》，商务印书馆 1996 年版，第 82 页。

④ ［法］爱弥尔·涂尔干著、李康译：《教育思想的演进》，上海人民出版社 2003 年版，第184 ~ 185 页。

亚里士多德的全部著作，而波洛尼亚大学只选用了亚里士多德的部分著作，他们把教学重点放在通过研究西塞罗的《论创造力》（De Inventione）和《支持赫伦纽斯》（Auctor ad Herennius）来学好修辞学。他们也重视数学和天文学的教学，主要学习欧几里得和托勒密的书。法学专业的学生则以中世纪第一部教会法典《格拉蒂安教令集》为基础教科书。在波洛尼亚大学他们还加上了《教皇格雷高里九世法令汇编》、《克莱门书》和《罪行录》。民法方面的评注是关于公元六世纪东罗马皇帝查士丁尼下令编集的《法学汇纂》（包括"旧法编""新法编"和"基本法"三卷）以及法典和被称为《小汇编》或《汇编》的论文集。波洛尼亚大学还增加了一部伦巴底地区的法规集《封建法典》（Liber Feudorum）。医学院用的是非洲人康斯坦丁于 11 世纪编的希波克拉底和盖伦的医学著作集《医学论》（Ars Medicinae）、后来还加上了阿拉伯人的重要著作——阿维森纳的《医典》（Canon）、阿威罗伊的《科里杰特》（Colliget）或《治疗学》（Correctorium）、拉泽斯的《奥曼索尔》（Almansor）。神学院主要是圣经，除此之外被当作基础课本的还有彼埃尔·朗巴德的《教父名言录》和彼埃尔·康默斯托的《经院哲学史》（Historia Scholastica）。① 13世纪起，经过教皇敕令和大学法确定，课程内容逐渐趋于稳定。文科主要是"七艺"，法律主要分民法和教会法，医学主要包括希波克拉底和盖伦的医学著作、阿维森纳的医门的律令、伊萨克·尤德的热症和饮食编等书，神学除圣经以外，主要学习埃尔·朗巴德的四册意见集。

3. 大学中的学者及其思维方式

中世纪大学的学者来自世界各地，其组成具有明显的"国际性"特色。当时有关教师的称号有硕士、博士和教授等，这些都源自于古拉丁语。这三种称号最初在基本内涵和层次水平上并无多大差别。到了 12 世纪，当博士等学位成为大学毕业生的一种学习认可标准时，博士等学位的获得也就逐渐标准化和严格化。如 15 世纪德国文学部仅只有十分之三、四的学生获得硕士学位。

博士学位的获得具有三种含义："其一，学位获得者已相对全面地掌握了特定学科的学术内容；其二，表明获得者已具备进行优秀教学的能力，并得到了从事教学的特权许可；其三，学位获得者高级知识分子已拥有了特定的高贵

---

① ［法］雅克·勒戈夫：《中世纪的知识分子》，商务印书馆 1996 年版，第 70～71 页。

身份和社会地位，并拥有了跻身于教会高职、贵族阶层等社会特权集团的入门券。"①

中世纪大学教师从其终身职业发展轨迹来看，一般存在两种选择：一是作为临时教师在大学任教，待教会或政府部门出现升迁机会时就会"跳槽"，有的会以非常任教师身份返回大学偶尔进行教学；二是作为常任教师在大学中进行持续稳定的教学。以 1378 ~ 1429 年间奥尔良大学可供查证的 16 位法学教授为例，其中至少有 13 位教授的教学长达 20 ~ 40 年。②

教师之间可分为常任教师（ordinary teachers）和特命教师（extraordinary teachers），这两种教师主要差别表现在教学方面。在任何学科中，都有一般讲演和临时讲演之别。前者是硕士或博士给学生们讲课，后者是由学士提供或是学生为了教学实践而设，通常，讲演者要酬谢前来听其讲演的人，并请听者提出批评以改善、提高其教学水平。③ 由常任教师开展的一般讲演常安排在上午进行，其学术水平较为高深，而由特命教师提供的临时讲演都是临时性的，且相对粗糙，常在下午进行，而且考试安排表中没有载录。④ 此外，中世纪晚期大学的学部中，主要在文学方面，出现了学部教师（college regent），其岗位相对稳定，但地位不如法、医、神等高级学部中的一般教师。巴黎的索邦和纳瓦拉学院、牛津的莫德林学院是这种教学形式的最早代表。

中世纪大学教师的收入主要来自三种渠道：一是收费，包括学生的学费和考试费；二是牧师俸，是教会借助于大教堂学校，通过为教师提供牧师俸而推行无偿教学；三是工资，是世俗权威为教师提供的收入。教师之间的收入水平差别迥异，其影响因素主要有：①学科差异，神、法、医等高级学科中的教师收入一般高于文法教师；②招生人数的影响；③大学支持者的财力状况；④能

① 陈伟：《西方学术专业的比较研究——多学科视域中德、英、美大学教师的专业化运动》，浙江大学教育学院博士学位论文 2003 年，第 17 页。

② Hilde De Ridder-Symoens（ed.），*A History of the University in Europe*（Vol. I），Cambridge University Press，1992，p. 154.

③ ［美］S·E·佛罗斯特著、吴元训等译：《西方教育的历史和哲学基础》，华夏出版社 1987 年版，第 168 页。

④ Hastings Rashdall, *The Universities of Europe in the Middle Ages*（Vol. I），Oxford at the Clarendon Press，1987，pp. 205 ~ 206.

否在大学之外兼职，如提供法律咨询、医学服务等。①

在中世纪大学的不同学科中，教师职责的侧重点各不相同。法学和医学博士的基本工作是诵读，而对于文学硕士，讲演和背诵是其主要工作；神学教师最主要的工作则是组织辩论而非诵读。

经院哲学对中世纪影响很大，与中世纪大学有着密切联系，成为中世纪学者主要的思维方式。经院哲学产生于公元 9 世纪。"经院"本意就是"学院"，是在查理大帝时代，其宫廷学校和修道院学校有一批专门从事经学研究和给僧侣们讲授神学的教师，他们用脱离实际的繁琐的方法论证圣经的教义，被称为经院学者，以后发展起来的哲学被称为经院哲学。经院哲学本质上就是神学。它是研究上帝的学说，研究对象是上帝的本性。这是由于基督教会在中世纪的权威及其对思想的垄断所决定的。教会的《圣经》就是上帝的真理，哲学的任务就是论证教会的教义并使之系统化。因此，哲学依附于教义，是"神学的奴婢"。经院哲学家所信赖的是教会的权威、修道院的命令，是教父奥古斯丁，是柏拉图以及被他们所歪曲了的亚里士多德。他们所崇拜的是上帝、天使和圣者，否定自然和社会现实，思想狭隘偏见，其结果就是无知。正如黑格尔所说，就经院哲学的整体而言，完全是野蛮的抽象理智的哲学，没有真实的材料和内容，像在北日尔曼自然景象中多枝的枯树那样。②

中世纪的经院哲学到 11 世纪内部发生了分化，主要有两大对立的命题——信仰与理性的关系以及唯名论与唯实论的争论。关于信仰和理性的关系问题自公元 3 世纪就有争议，以德尔图良等基督教作家认为，上帝具有高度理性，权威无边。人类无法用逻辑推理的方法或从学术知识的角度凭借其有限的理性去理解无限的上帝，只有坚持神秘主义才能认识上帝。而哲罗姆等认为，尽管信仰先于理性并辖制着理性，但理性反过来可以光大信仰，它们是探寻统一真理的两条不同的手段和途径，不应该导致对立。到 12 世纪西班牙穆斯林哲学家阿威罗伊大胆地肯定了理性先于信仰，二者是完全不同的东西，作为基督教徒，可以接受信仰，但作为学者，则应该使用逻辑推理。唯名论与唯实论是随着城市的兴起和工商业阶层的出现而产生的。二者争论的焦点是：概念、

---

① Hilde De Ridder-Symoens（ed.），*A History of the University in Europe*（*Vol. I*），Cambridge University Press，1992，pp. 151 ~ 154.

② 戴本博：《外国教育史（上）》，人民教育出版社 2000 年版，第 213 ~ 214 页。

一般或者如当时所称的共相是否为先于事物而存在的实体。以意大利的安瑟伦和著名的托马斯·阿奎那为代表的唯实论者认为，共相是先于个别事物而存在的东西，先有共相，后有个别事物，这种理论导源于柏拉图的理念论。而以法国的阿伯拉尔和苏格兰的约翰·邓司·斯各特为代表的唯名论者则持相反的观点，认为共相只是由人的心灵中构造出来的主观的东西，是事物的名称和符号。只有个别的东西才是真正的实在，共相位于事物之后。

中世纪哲学的这些争论，虽然以论证神学为出发点，但就其内容和性质而言都超越了神学的范围，摈弃了盲目的崇拜和信仰，把人的理智提高到了新的阶段，并开始从人本身出发去探究神、宇宙和人生的秘密，信仰和理性的争论孕育了后来的启蒙运动，而唯实论和唯名论则成为唯物论和唯心论的先导。①

（三）中世纪大学学科文化的本质特点

通过以上对中世纪大学的产生及其文化资本和中世纪大学的学术生活的阐述和探究，笔者认为中世纪大学的学科文化至少具有以下几个方面的本质特点：

1. 真正意义上的大学学科诞生，大学拥有文、法、医、神四大学科，开创了分科培养人才的新纪元

从教育史上看，学校教学尽管自古以来就是分科进行的，我国古代学校的教学就分为六科，即礼、乐、射、御、书和数，合称"六艺"。欧洲古代学校的教学分为三科（文法、修辞、辩证法）和"四学"（算术、几何、天文和音乐），简称"七艺"。但无论是"六艺"还是"七艺"，实行的都是普通教育（通识教育），所有在校的学生都学习同样的知识，这种分科只是根据教学的需要而对知识进行的一种划分，更接近于现代大学的课程，还不是现代意义上的大学学科。真正意义上的大学学科起源于欧洲中世纪的大学。

中世纪大学一般设有文学、法学、医学和神学四科，分科培养人才。文学属于非专业教育范畴，主要是进行普通教育，其主要课程为"七艺"（文法、修辞、逻辑、算术、几何、天文和音乐），其中的文法、修辞和逻辑称为"三艺"，算术、几何、天文、音乐称为"四科"。它与欧洲古代学校的"七艺"及中国古代的"六艺"培养基本知识素养的普通教育不同，中世纪大学的学科已具备高深专门知识的性质。"三艺"是从事进一步学习的基础和基本工

---

① 张广智：《世界文化史（古代卷）》，浙江人民出版社1999年版，第405页。

具，"四科"是自然科学的基础。法学、医学和神学属于专业教育，每科都有自己的主要课程，培养律师、医生、神职人员、教师和世俗官员等，为社会的发展与进步提供理智支持。

自13世纪起，经过教皇敕令和大学法确定，各科所包括的课程内容逐渐趋于稳定。一所大学一般同时开设这四科中的一科或几科，并以传授某一学科知识而闻名，如萨勒诺大学以医学而闻名、波洛尼亚大学以法学闻名、而巴黎大学以神学闻名。

可见，分科培养专门人才是中世纪大学的首创和重要的文化遗产，这一传统直至今日的现代大学而无质变。欧洲中世纪是真正意义上的现代大学学科的起源，它开创了按学科培养专业人才的新纪元。

2. 大学学科培养目标呈现严重功利化和职业取向

最初的中世纪大学是从11世纪的教会学校和城市学校自发地发展起来的，虽然这些学校的师生都是牧师，但他们的目的却都是世俗的，都是为了满足人口日益增长和城市化的社会需要。这些学校中大多是神学、法律、修辞、文理方面的专门职业学校，专门培养牧师、律师、神职或世俗的行政官员。大学通过这些学科在满足专业、教会和政府对各种人才的需求的过程中不断发展。可见，"大学是一个独特的既分裂又分权的社会的偶然产物。一切文明社会都需要有研究高深学问的机构来满足它们探求知识奥秘的需要，同时它们也为知识的拥有者和探求者提供各种所需的条件。"①

大学中教师的教学、研究等学术传播功能逐渐得到了教会、国家以及市场不同程度的认可，大学成了大部分世俗知识、部分宗教知识的储存之所，大学变成了牧师、医生、律师、神职或世俗的行政官员等多种专业的教育和训练场所。可以说，中世纪大学主要成为满足当时社会需要的服务机构，其高级学科中神学因为太理论化而成为最不受欢迎的学科，法学最受欢迎，其次是医学。

中世纪大学的学科培养目标太重功利性职业需求，"在中世纪大学中，数量最多的、领头的学科是法律。从广泛的政治和社会的观点来看，大学最重要的结果之一是律师阶层的产生，至少是极大地提高了他们的地位和重要性。"这就导致中世纪的学科过于注重实际、太多职业功利倾向，使得"一切精神

---

① ［美］伯顿·克拉克著、王承绪等译：《高等教育新论——多学科的研究》，浙江教育出版社2001年版，第27页。

的修养和文明的享受仍然处于被忽视的状态。它训练人去工作而不是训练人去欣赏。"① 就连文学也一样，正如哈罗德·珀金所言："如果有人认为，文学部与专业学部相比较少具有功利性和职业性，那就大错而特错了。因为大多数学生可能不再继续就学，文学部为他们在读写、辩论、思维、计算、测量和自然科学基础知识方面提供的有用训练，使他们适于承担教会和世俗政府中的种种职业。以辩论为主的教学方法使学生个个变得能言善辩。学生们正是依靠这种本事在布道、法庭听证和政府讨论中崭露头角的。"② 威利斯·鲁迪（Willis Rudy）认为中世纪大学还包括我们今天称为商业课程的东西，或者更确切地称为秘书学科的课程，这就是"写信艺术"或"文书艺术"。因为当时的人们急需接受准备信件、设计法律条文和起草公文等方面的训练。这些便作为中世纪修辞课程的一个实用分支而发展起来了。③

另外，原来作为大学毕业生用以证明其从教资格的文凭和学位在教学目标之外得到了重视，到 12 世纪，硕士学位逐渐变成了一种可附加于个人姓名之前且在高贵性方面不逊色于主教或红衣主教的荣誉称号。随着学位、文凭日益重要，许多毕业生转而在神职或世俗官员等系列求职而无意于收入较少的教学工作，这就导致了教师数量时有欠缺、培养目标的严重功利化和职业取向。在巴黎大学，为了保证足够的讲演教师，大学被迫采取使所有毕业生留校教学一段时间的举措。

3. 大学学科文化具有明显的等级身份性

在中世纪大学的四大学科中，文学的地位最低。它所扮演的角色就相当于今天的中等教育，其目的是让学生做好必要的心智准备，以便进入较高级的法学、医学和神学的学习。"它其实就像是一间公用的前厅，任何人要想进入其他三个系，都必须先经过它。学生必须先在这个系里耗上一定的时间，才能继续攻读神学、医学和法学方面的课程。它是一所预科学校，期望学生们在开始致力于专业研究之前，先完成某种普通教育。"④ "因此，它就被认为是一种通

① Ellwood P. Cubberley. Readings in the History of Education. Boston, New York, Chicago, Dallas, San Francisco: Houghton Mifflin Company, 1920, pp. 182 ~ 185.

② ［美］伯顿·克拉克著、王承绪等译：《高等教育新论——多学科的研究》，浙江教育出版社 2001 年版，第 31 页。

③ Willis Rudy. The Universities of Europe, 1100 ~ 1914: A History. London: Associated University Press, Inc. 1984, p. 32.

④ ［法］爱弥尔·涂尔干著、李康译：《教育思想的演进》，人民出版社 2003 年版，第 142 页。

向超越其本身目标的手段，从而也就只能在教育等级体系中占据一个比较低等的位置。相对文学部来讲，神学、法学和医学各部在知识上和道德上都要高出一等。"①

神学的地位最高，其毕业生的前途也最好。教皇亚历山大四世早在1254年就以官方的名义认可了神学的首要性，认为神学是关于神圣之事务的研究，是所有研究、所有技艺的最终目标和真正的存在理由。后来，法学和医学也被提高到同样高的地位。在典礼上、在游行中，神学、法学和医学的次序都要先于文学。

这种学科上的差异也直接导致了学科从业者——大学教师的收入差异，一般而言，神、法、医等高级学科中的教师收入都高于文科教师。另外，这些高级学科中的教师还可以在大学之外兼职，如提供法律咨询、医学服务等。他们跻身于教会高职、贵族阶层等社会特权集团的机会更大，这就造成学科文化的明显等级身份性。

4. 大学学科文化的宗教性色彩浓厚

中世纪大学的创办需要从皇帝、教皇、国王、主教或至少是市镇那里获得一张特许状，尤其是教会，在大学刚成立时就想控制它。巴黎大学是教会注目的重点，当时在巴黎大学任职的教师，不仅要得到教师会的承认，而且还要得到巴黎教会负责巴黎大学事务的教务长发给的教师执照。"多少世纪来，教会懂得为了统治人的思想必须掌握教育，关键是要掌握教者。为此，教会权威对有权进行教学的教师很妒忌。于是教会公布，没有教会的允许任何人不准教学，并且在批准前，教会成员一定要对申请准备教学的人进行审查，看他们是否能满足教会的要求。这是教会关于教学的专利权。"②

教会控制大学，关键是控制大学的教学内容。如"七艺"学科，完全受制于宗教神道文化，已不再是古代所谓的"自由艺术"。学习文法是为了掌握拉丁语而便于阅读《圣经》；学习修辞是为了分析经书的文本、训练宣教的口才；学习辩证法是为教会的宗教信条进行辩护并打击"异端"；学习算术和天文知识是用于计算宗教节日和祭典的日期以及占卜星象；学习几何用于绘制教

---

① ［法］爱弥尔·涂尔干著、李康译：《教育思想的演进》，人民出版社2003年版，第144页。

② ［美］S·E·佛罗斯特著、吴元训等译：《西方教育的历史和哲学基础》，华夏出版社1987年版，第161页。

堂建筑图样；学习音乐则是为做礼拜和举行宗教仪式服务。① 我们还可以通过教会对待亚里士多德著作的态度的转变而清楚地得知，12 世纪末开始，亚里士多德的著作逐步被翻译成拉丁文，在巴黎、牛津等大学成为最高权威，这样，教会就深感压力，把亚里士多德的《物理学》和《形而上学》等著作列为禁书，巴黎宗教会议还决定把追随亚里士多德著作的大学师生一律革除教籍。但遭到了大学师生的强烈反抗，教会迫于形势不得不改变策略，变禁止为利用。把亚里士多德哲学中唯心主义部分，特别是他的神学目的论改造成符合教会教义的理论，使教会神学达到了高峰。

中世纪大学是一个典型的行会社团，正如涂尔干所说，它不仅具有明显的职业色彩，而且这些社团首先是"一个宗教社团，每个组织都有各自特有的神灵和仪式，而且可能的话，这些神灵还会被供奉在专门的神庙里，就像每家都有一个家神，每个城市都有自己的公共神一样，每个社团也都有自己的保护神，即社神。"② "大学虽然不是教会，但却继承和保留了许多教会的职责。"③ 大学社团的这种宗教虔信属性深深地嵌入了学者的生活和学科文化之中。大学按照教会的独特生活方式去活动，教会的教义成为教学的基本原则，教会的通用语——拉丁语成为教学语言，大学师生多是牧师。在各学科地位上，突出表现为神学高于一切、不同学科的学者对各自佑护圣徒偶像的盲目崇拜以及学者职业道德的宗教化色彩等方面。

5. 经院哲学是中世纪大学学科文化的灵魂

作为中世纪学者主要思维方式的经院哲学是一种穷极精微地确定其自身法则的"专职"，它首先关注的是语言的法则，把词语赋予权利和力量的意义，这一点可以从唯名论与唯实论的争论中得知。这种争论因过于重视言词、概念和存在三者之间的关系常被人指责为咬文嚼字。经院哲学以辩证法作为基本的论证法则，它需要一种来自言词和来自思想的实在的内容支撑。但这种论证往往因为其内容空洞而变得夸夸其谈。经院哲学依赖的是圣经经文，它的基础主要来自于两个方面：一是基督教学说；二是通过阿拉伯世界而来的丰富的古代学说的思想宝库。经院哲学家从 12 世纪的知识分子那里接受了对必然的和不

---

① 王天一等：《外国教育史（上册）》，北京师范大学出版社 1999 年版，第 79 页。

② 爱弥尔·涂尔干：《职业伦理与公民道德》，上海人民出版社 2001 年版，第 23 页。

③ ［美］约翰·S·布鲁贝克著、王承绪等译：《高等教育哲学》，浙江教育出版社 2001 年版，第 139 页。

可逆转的历史进步和思想进步的敏锐感受力，他们在这些基础之上完成了自己的著作。经院哲学以模仿古人、崇拜亚里士多德等先贤为根本价值评价标准，把模仿的法则同理性的法则结合在一起，把权威的规定同科学的论证结合在一起，形成了"作为科学的神学"。

对经院哲学来说，理性完成于理智力，在这个基础上，中世纪大学的经院哲学通过其特有的评注方式发展起来，这是一个深入分析的过程。评注就会引起讨论，辩证法起到了可能超出对经文理解的范围并处理理解经文过程中产生的问题的作用。经过相应的处理过程，"评注"转变为"研究"（quaestio）。大学知识分子就在这一时刻诞生，他们积极地对经文"提出疑问"和解答，并从研究中得出结论，成为自身的思想成果。到13世纪，"研究"甚至完全脱离经文而独立存在。在师生的积极参与下，它成了讨论的科目而从此成为"辩论"（disputatio）。而且同时发展出的一种特殊形式就是"随意性辩论"，其特点在于它的随意与即兴式的方式以及在辩论会上的捉摸不定。辩论主动权由教师手里转到了助手们手里，因为在通常的辩论中，教师事先通告题目并加以思考和准备，而在随意性辩论中，任何人都可以随便提出任何问题，这无疑对接受提问的教师是一个巨大的挑战。这样，经院哲学严格遵循理性法则并凭借学术上严谨的教师和创造性思想的激励者而发展起来。但到中世纪末期，狂热的经院哲学招致了伊拉斯谟、路德和拉伯雷等人文学者的鄙视。然而，经院哲学的精神和传统已经融合进西方思想新的进步过程之中。①

可见，经院哲学对中世纪乃至往后都产生了深刻的影响，与中世纪大学关系密切，经院哲学的产生和发展最初是在作为教育机构的僧院（经院）之中，经院哲学内部分化之间的论战主要发生在大学的讲坛之上，大学里有重大影响的教授就是其不同派别的代表人物。更为重要而长久的影响是在学科文化方面，如充斥着神学谬论和诡辩的《神学大全》，被教会视为经院哲学的"百科全书"，作为大学的神学教材使用。而在中世纪大学里，神学地位高于一切，神学思想统治一切，经院哲学成为中世纪大学学科文化的灵魂。经院哲学对权威、教义的崇拜以及对自然、经验和社会现实的鄙视导致了中世纪大学学科教学内容的空洞与贫乏、教学方法的繁琐与死板，使中世纪大学成为禁锢人的思想之所，因此，中世纪大学必须冲决教会和经院哲学的牢笼，才能走向光明。

---

① ［法］雅克·勒戈夫：《中世纪的知识分子》，商务印书馆1996年版，第79~85页。

二、文艺复兴时期的大学学科文化

（一）文艺复兴时期大学学科文化的背景分析

从 14 世纪到 17 世纪中期开始了欧洲社会生活的新阶段——文艺复兴。它是资本主义在封建社会内部孕育、发展和封建制度逐步解体的时期。

所谓文艺复兴，其实质就是资产阶级新文化对古典文化的继承和利用。其主要形式包括两种：一是意大利的文艺复兴，它是文学、艺术和古罗马的复兴，创造了前所未有的美；二是北方的文艺复兴，它是马丁·路德为领导的宗教的复兴，创造了国教。①

文艺复兴是特定历史条件下的产物。首先，由于生产力的迅速发展，新兴城市快速崛起，中世纪后期封建社会内部出现了资本主义生产关系的萌芽，新兴资产阶级从城市市民中分化出来，出现了一批资产阶级的先进思想家。加上当时地理上新航线和新大陆的发现，更加开阔了人们的眼界，人类重新发现了地球，出现了新兴资产阶级和城市自治反抗封建政权的斗争。其次，随着东西方经济贸易和文化交流的发展，古希腊和罗马的高度文明被新兴资产阶级重新发现并加以利用和创造，作为新兴资产阶级必要的一种新的世界观和思想体系。这就是所谓的"人文主义"世界观。最后，人类在探索大自然奥妙的过程中充分发挥其主观能动性，促使了自然科学的兴起和发展。文艺复兴在教育领域表现为新兴资产阶级要求冲破教会和经院哲学为教育所设置的牢笼，解放教育。

教育的目的不再是仅仅培养神职人员，希腊文、古典文学、历史、地理、数学、自然科学被列入课程，以培养懂得世俗学问，有人道主义精神，有德行，能为社会进步而献身的人，文艺复兴从精神上摧毁了统治人们心灵的权威，从而为民族国家的形成扫除了精神上的障碍。现主要从人文主义、科学革命和宗教改革三个方面探究文艺复兴时期的大学学科文化的背景及其对学科文化的影响。

1. 人文主义的兴盛

---

① ［美］S·E·佛罗斯特著、吴元训等译：《西方教育的历史和哲学基础》，华夏出版社 1987 年版，第 179～180 页。

意大利著名学者皮特拉克（F. Petrarch）从被闲置在中世纪"阁楼"里的古代文献中发现了人类的"黄金时代"——古希腊和古罗马时代的高度文明及超越性的文化标准，强调恢复古代文学。这样研究古典文学蔚然成风，在大学的课程中以对古代文学的复兴表现出来，拉丁文、希腊文、语法、修辞、逻辑、历史、伦理等人文学科走进了当时的大学。这些人文学科的主要目的在于发展学生的智力和雄辩能力。① 而人文学科的兴盛与人文主义的兴盛是密切相关的，"人文主义"是一种以"人性"的解放为中心的人性论，"抑神扬人"是统帅一切的指导思想。于是"传统的道德束缚消失了，因为它们被认为是与迷信结合在一起的；从羁绊中获得的解放，使个人精力旺盛而富有生命力，从而产生了极其罕见的天才的奔放。"② 但丁、薄伽丘、莎士比亚、达芬奇等天才人物成为人文主义的代表人物。

14世纪初叶，随着文艺复兴运动的兴起，在人文主义思想的冲击下，原本保守的各国大学先后发生了相应的变革。意大利是文艺复兴的发源地，因而意大利的大学最先感受到人文主义的新风。随后在法国、德国和英国等国大学传播。

人文主义思想在大学的传播对大学的学科文化产生了极大的影响，主要表现在以下两个方面：

第一，人文学科的兴盛。人文主义中的"人文"的首要含义是"人文学科"。人文主义者开始是在与"神的研究"对立的意义上使用这个词，即人文学科的研究。这种研究在古希腊、罗马的语言和文字学中进行，包括语法、修辞、诗歌、历史和道德哲学。作为教育，是指"世俗学校"中开设的同基督教神学和经院哲学相对的有关世俗文化方面的课程，它以人和自然为研究对象，其内容包括对古希腊罗马学术和语言、文学以及自然科学的研究。③ 而文艺复兴时期广义的人文学科包括语言、文学、艺术、伦理、哲学和自然科学等与中世纪基督教神学相对立的世俗文化。人文学科的兴盛导致了大学学科设置发生变化，学科种类增多，从而削弱了神学在大学中的垄断地位。

第二，科学与人文必须结合。人文的第二个含义是指关于"人的学说"，

---

① 郝德永：《课程与文化：一个后现代的检视》，教育科学出版社2002年版，第31~32页。
② ［英］罗素：《西方哲学史（下卷）》商务印书馆1976年版，第18页。
③ 肖峰：《论科学与人文的当代融通》，江苏人民出版社2001年版，第126页。

或人文思想。人文主义把关注神转向关心人，把人作为教育的根本出发点和归宿，旨在培养多方面知识和谐发展的"新人"，认为人的理性和智慧来源于对自然的全面认识，强调人文与科学在教育中的联系。

2. 科学革命的兴起

文艺复兴时期，人文知识兴盛，自然知识地位低微，但一些本质上属于近代科学的思想观念迅速滋生，并对欧洲科学革命的兴起产生重大影响。人们对科学的兴趣主要在于重新发掘古典科学文献。通过对古典文献的发现、收集和考订，人们逐渐懂得了观察、印证的方法。观察和实验成为这个时期用来检验权威的最有效的方法，为后来的科学发展提供了方法论的支持。正如科恩所言："17 世纪的新科学所注重的不是著述者的资格或学问，而是他的报告的真实性，他对科学方法的真正理解以及对实验和观察的熟练程度。"①

科学革命的兴起和发展，在医学、化学、天文学、数学和物理学等诸多领域取得了重要进展。英国医学家威廉·哈维（William Harvey）提出了血液循环的正确概念，开辟了生理学研究的新纪元，把生理学（人体生理学和动物生理学）确立为科学。被誉为"现代化学之父"的罗伯特·波伊耳（Robert Boyle）对化学元素、化学反应和化学分析进行科学界定，拨开了炼金术的迷雾，为化学发展成为真正的科学奠定了基础，使化学确立为科学，并为走向近代化学开辟了道路。波兰天文学家尼古拉斯·哥白尼（Nicolas Copernicus）的"日心说"冲破了中世纪神学教条，引起了人类认知的一场革命，开创了近代天文学并引起物理学和数学的变革。它既是近代科学革命的嘹亮号角，又是新兴的科学文化的独立宣言。德国天文学家开普勒（Johannes Kepler）提出著名的行星运动三定律，并从数学理论的角度证明和完善了哥白尼的"日心说"理论，体现了经验观察与理性分析的完美结合，并开创了宇宙物理学的动力学研究。意大利数学家、天文学家和物理学家伽利略（Galileo Galilei）最早使用望远镜观察天体和最早发现数学和物理学结合的作用，他的《关于力学和位置运动的两种新科学的对话与数学证明》为经典力学发展为一门独立的学科奠定了基础。他倡导的科学实验和理论计算相结合的科学研究方法成为现代科学研究的最基本的方法。17 世纪科学革命的顶峰人物当属英国的牛顿（Isaac

---

① ［美］I·伯纳德·科恩著、杨爱华等译：《科学革命史》，军事科学出版社 1992 年版，第 79 页。

Newton），他同时为近代科学的两大支柱——力学和高等数学奠定了基础，开创了独特的数理研究方法，很好地实现了分析与综合、归纳与演绎的统一，从而促进了唯理论哲学与经验论哲学的相互结合和方法论研究的发展，开创了科学文化发展的新时代。

科学革命极大地推动了以后的科学发展，但尤为重要的是它使人类获得了一种认识自然的全新观念和确立了一种全新的科学方法。正如英国政论家培根所言："知识就是力量，要借服从自然去征服自然。"人类开始认识到自然界是由物质组成的并有其自身的规律，通过观察、思考和实验等可以认识和掌握这些规律。观察和实验成为科学研究的基本方法，以至于到17世纪末，任何未经过实验证明和一系列观察的自然规律都得不到人们的重视和认可。

科学革命的兴起对大学学科文化至少产生了以下几点影响：

①自然科学在大学的确立和兴起，使得"科学已被当作唯一有价值的知识源泉"。① 用科学知识在理论和实践上冲淡了中世纪学科文化浓厚的宗教色彩；

②观察和实验等科学方法的运用导致了科学研究范式的转换，实证成为科学的重要文化特征；

③科学革命的兴起促使人们思维方式的转化——从神学思辩到理性思维、从对世界的整体抽象认识到个别具体规律的揭示；

④在科学革命的影响下，哲学终于从神学中解放出来，以自然和人类社会为研究对象，重点关注世俗命题，并逐渐发展成为一门独立的学科。

3. 宗教改革的影响

宗教改革是16世纪欧洲文艺复兴处于高潮时的一场大规模的思想解放运动，它倡导信仰自由、"因信称义"的宗教思想，并通过将宗教引入人的现实生活而提升人的价值和地位，使人从中世纪对上帝盲从的宗教神道文化之中解脱出来，走向一种自我意义上的自主和自由。其实质就是资产阶级要把基督教改变成适合资产阶级需要的宗教。于是，"人从'彼岸'被招回到精神面前；大地和它的物体，人的美德和伦常，他自己的心灵和自己的良知，开始成为对他有价值的东西。"②

---

① 罗静兰等：《西方文化之路》，湖北教育出版社1990年版，第253页。
② 邹广文：《人类文化的流变与整合》，吉林人民出版社1998年版，第126页。

宗教改革各派都意识到大学的重要性，把大学看作是新的宗教的特殊工具，极力建议世俗政府建立大学，这样大学就很快发展起来，入学人数也很快回升。16世纪的欧洲新大学遍布，各国纷纷创建新大学，其中德国就新建了9所大学。随着大学的发展和地位的提高，政府开始想方设法控制大学，宗教改革"以地方世俗政府的智力权威取代天主教会的权威"① 从而为政府控制大学奠定了基础。大学的权力由教会转到政府手中导致了部分大学经费紧张，政府对大学的高压、宗教教派间不断的论争和宗教迫害极大地破坏了大学的学术自由。

宗教改革在给欧洲社会和大学带来巨大变化的同时，对大学学科文化也产生了一定的影响。其主要表现在以下两个方面：

一是大学学科内容走向世俗化。基督教认为上帝是主宰一切的绝对权威，人类现实的物质生活是罪恶的源泉。宗教改革运动极力主张信仰自由，宣称"因信称义"的宗教思想，使世俗化在教义上得到支持，充分肯定了人在宗教信仰中的地位和作用。即"强调信仰自由和人在信仰中与上帝的直接接触，通过使神具有人性而使人具有神性。从而使人在上帝面前获得了平等的地位，也使人从中世纪对神秘上帝的盲从而转变为一种自我意识意义上的自主性的信仰和自由精神。"② 宗教的世俗化使人们真正从关注上帝转向关心现实，这样，世俗化社会的出现成为历史的必然，作为社会机构之一的大学才可能走向世俗化，走向世俗化的大学必然在学科内容方面加以体现。

二是大学学科语言日益民族化。中世纪欧洲是一个四分五裂、割据分立之地。整个社会是一种典型的国家与教会的二元结构，统治人们精神生活的是基督教。人们用共同的语言——拉丁语进行文化交流，中世纪的大学也用拉丁语进行教学。学生来自世界各地，具有明显的"国际性"特点。到15世纪，欧洲大部分国家都陷入了内外战争之中。如法国，它与英国人的民族战争实质上是为了争夺王权，为了拥有自己的王室。在这一战争过程中，法国人形成了法兰西的国家名称和法兰西民族意识，并以此为基础加强了法国的国家专制统治。而英国，通过对法战争和国内的玫瑰战争，王权得以巩固。战争的出现一

① Willis Rudy. *The Universities of Europe*, 1100~1914: *A History*. London: Associated University Press, Inc. 1984, p. 64.

② 郝德永：《课程与文化：一个后现代的检视》，教育科学出版社2002年版，第39~30页。

方面体现了转型社会中各种政治势力的较量，另一方面为民族国家的形成提供了专制主义统治的基础。加上此时的基督教出现大分裂，为民族国家的建立创造了有利条件。16世纪的宗教改革客观上为民族精神找到了生存的土壤，对民族国家的形成，对世俗政府力量的加强和巩固起到了推动作用。"对大学来说，宗教改革是一次付了极大代价的胜利，大学铸造了武器，但是世俗政府得到很多战利品。"① 随着民族国家的纷纷建立，世俗政权获得了主导地位，开始控制和干预大学并创建民族化、地方化大学。民族语言得到飞速发展，大学教学开始使用民族语言，自16世纪以后，学术界使用本族语日益重要，17世纪数量极大的伟大科学著作不是以拉丁文出版的，而是以本国语言出版的。②

　　无论是意大利文学、艺术的复兴，还是北方的宗教改革，都从客观上强化和丰富了人文主义文化的思想和精神，是人类文化史上重要的一页，文艺复兴开创了人类历史的新纪元。雅各布·布克哈特把文艺复兴的成就归纳为两个重大的重新发现——重新发现了人和重新发现了世界。恩格斯也曾高度评价了这个伟大的时代，认为"这是一次人类从来没有经历过的最伟大的、进步的变革，是一个需要巨人而且产生了巨人——在思维能力、热情和性格方面，在多才多艺和学识渊博方面的巨人的时代。"③ 然而，在文艺复兴运动中，文艺复兴的先驱者们一旦打开"过去的闸门"，"又陷于了对古代过分虔诚和崇拜的危险之中，以至于在以后的几个世纪中，人们还得重新平衡人与神、理智与感情、物质与精神的关系。"④ 先驱者们在对古代名著的抄写、翻译和传播过程中忽略了学术上的真正目的而狂热地崇尚纯粹的西塞罗文风和词汇。"有些人竟狂热到如此地步：不用西塞罗未用过的词，不用西塞罗未认可的表达方式，不考虑在西塞罗著作中未发现的思想。这是典型的形式主义，不允许最细小的

　　① ［美］伯顿·克拉克著、王承绪等译：《高等教育新论——多学科的研究》，浙江教育出版社2001年版，第32页。
　　② ［美］I·伯纳德·科恩著、杨爱华等译：《科学革命史》，军事科学出版社1992年版，第81～82页。
　　③ 恩格斯：《自然辩证法》，《马克思恩格斯选集（第三卷）》，人民出版社1973年版，第445页。
　　④ ［美］S·E·佛罗斯特著、吴元训等译：《西方教育的历史和哲学基础》，华夏出版社1987年版，第179页。

差别。记忆取代了创造性的想象。"①

从"宗教神道文化"到"人文主义文化"的文化基频的转换，标志着文艺复兴时期大学学科文化的相应变革。

（二）文艺复兴时期大学学科文化的本质特点

通过以上对文艺复兴时期大学学科文化的背景分析，笔者认为文艺复兴时期的大学学科文化具有以下几大特点。

1. 以人文主义思想为基础的人文学科在逆境中兴盛且影响深远

人文主义是资产阶级最早的一次反封建的新文化思潮，其主要表现为以人和自然为对象的世俗的人文学科。人文学科的兴盛不是一帆风顺的，它是在逆境中逐渐发展起来的。文艺复兴运动起源于 14 世纪初，但直到 15 世纪后半期，人文主义者的学说才开始影响大学。

中世纪后期，欧洲大学日趋保守，经院哲学仍然把持大学课堂并几乎拒绝一切新知识，当时的大学学科培养目标仍然是严重功利化和职业取向，旨在培养未来的神职人员、医师、政府官员和律师，因此，大学中的专业科目仍然占据突出地位，大学主要任务不可能去追求纯文学、历史、诗歌和艺术。文艺复兴时期的人文主义者要想在大学培养这种"纯"知识就毫无疑问地遭到阻抗。就是在意大利文艺复兴时期的文化中心佛罗伦萨也不例外，当时在佛罗伦萨占主导地位的理智活动都是与特定的职业目标相联系的，具有明显的功利化色彩。几乎没人想到去关心大学里的人文主义教育，许多人文主义研究首先都是在当地大学之外的一些地方发展起来的。大学的科目还是以形而上学、神学、法学和医学这些传统的科目为主。佛罗伦萨大学的人文主义最初体现在一些课外活动中，有时也有著名的文学学者或博学的希腊学者被任命为大学的讲座教授，但佛罗伦萨大学的大部分公共资金都用于职业教育，从而导致在很长一段时间里人文主义对佛罗伦萨大学的影响极小。

佛罗伦萨大学如此，其他大学也一样，这些大学首要关心的是职业方面的教育，而不是人文主义的教育。如波洛尼亚大学以它的法学教育著称，而帕多瓦大学则以其医学院闻名。② 克里斯特勒（Paul Kristeller）指出：作为中世纪

①　［美］S·E·佛罗斯特著、吴元训等译：《西方教育的历史和哲学基础》，华夏出版社 1987 年版，第 196 页。

②　贺国庆等：《外国高等教育史》，人民教育出版社 2003 年版，第 74~75 页。

经院哲学的主要基础的亚里士多德哲学，在文艺复兴时期的大学中仍然继续繁荣和发展。但这时对这一哲学有了一些新的解释，因为有些学者寻求复兴"真正的"亚里士多德，他们在对亚里士多德哲学进行阐释的时候，把柏拉图主义或人文主义的成分也加进去了。①

可见，即使在文艺复兴发源地的意大利，人文主义在大学一开始也遭到了歧视和阻抗，更不用说在欧洲国家其他大学了。事实上，在法国、德国、英国等大学里，人文主义起初都遭到了反对，人文主义学科最初面对的是大学教授们的怀疑和敌意，被看作是一种新的、不熟悉的、不实用的东西。

但历史前进的车轮是无法阻挡的，文艺复兴时期以人为中心的新的学科，如希腊文学、修辞学、诗歌、历史和柏拉图哲学，逐渐与旧的经院主义的学科一起在大学里有了自己的位置。人文学科冲破了经院哲学独霸大学讲堂的局面，"虽然影响主要限于大学文学院，但正是大学文学院，领导了欧洲大学的近代化运动，带动了整个大学的变革，后来的哥廷根大学、柏林大学，新的改革都是从文学院（哲学院）突破的，这不得不追溯到文艺复兴时期人文主义对文学院的渗透。"② "文艺复兴之后，人文学便成为西方社会教育体系中的最主要内容，直到今天，人文学科仍然是西方高等教育的重要组成部分。"③

2. 自然科学逐渐从浑然一体的科学中分化出来，科学文化兴起和发展

文艺复兴时期，随着人类活动领域的扩大和科学研究新成就的出现，人类对世界本质的认识加深。自然科学知识得以重视，在自然科学中做出杰出贡献的是达·芬奇，他不仅是一个伟大的画家，而且是一个杰出的工程师、物理学家。他在机械方面有过多项发明，在光学等领域有许多重要发现，他还研究过力学。在生物学方面也从事过许多创造性工作，研究过心脏功能，画出了"人体解剖图"。威廉·哈维把生理学确立为科学并开辟了生理学研究的新纪元。罗伯特·波伊耳使化学确立为科学，并为走向近代化学开辟了道路。哥白尼的"日心说"是天文学上的革命，开创了近代天文学并引起物理学和数学

---

① Willis Rudy. *The Universities of Europe*, 1100~1914: *A History*. London: Associated University Press, Inc. 1984, p. 43.

② 贺国庆等：《外国高等教育史》，人民教育出版社 2003 年版，第 82 页。

③ 徐新：《西方文化史》，北京大学出版社 2002 年版，第 167 页。

的变革。"从此自然科学便开始从神学中解放出来。"① 为人类做出了划时代的贡献，成为新兴的科学文化独立的标志。后经开普勒到牛顿，开创了科学文化发展的新时代。

随着自然科学知识的普遍发展，大学学科不断增加并日益分化，各门学科，如天文、地理、力学、数学以及后来的物理学、动物学、植物学和化学等，都逐渐地从浑然一体的科学中分化出来。

虽然文艺复兴时期大学对科学知识的贡献甚微，而且大学学科中自然科学的地位低微，但那时的大学一直致力于寻求开创一种核心的普通教育，从而把许多专业化的学科统一起来，并从整体上服务于人类的需要。自然科学在大学的确立和发展，提高了科学的地位，将科学从千余年沦为神学婢女的情况下解放出来。在理论和实践上运用科学知识冲淡了中世纪学科文化浓厚的宗教色彩，使人们的思维方式和研究方法发生变化，观察和实验等实证方法的运用成为科学研究重要的方法论，科学研究范式发生转换，人类思维从神学思辩变得更为理性。从而导致了近代科学的诞生，为大学最终引入自然科学和确立科学研究的职能创造了条件。

3. 学科内容逐步世俗化，学科范围迅速扩大

总体而言，在教育方面，文艺复兴时期已经从中世纪对三艺（语法、修辞和逻辑）和四科（算术、几何、天文和音乐）的关注转移到对人的身体、智力、精神和美的全面平衡发展的关心。道德教育贯穿于文学、音乐和体育活动之中，智育关注希腊语和拉丁语以及当代的诗歌和散文，艺术变得重要，它不仅要培养学生欣赏音乐和绘画的能力，而且要培养他们成为艺术的创造者。文艺复兴时期教育区别于中世纪七艺教育最为重要的就在于学生们被鼓励去理解和实践他们的批判性能力而不是强调记忆。②

具体而言，在法国，从14世纪起，各大学的文学院中已经普遍开设了亚里士多德的哲学、逻辑和伦理学、欧几里德的几何学、托勒密的天文学以及阿拉伯的哲学和科学。逻辑和辩证法成为文学院的主要学习内容，原本以文法传授为核心的文学院逐渐转变为逻辑和辩证法的传授。神学院也将亚里士多德的形而上学和道德哲学等纳入学习范围，改变了过去仅仅学习《圣经》和《格

---

① 恩格斯：《自然辩证法》，《马克思恩格斯选集（第三卷）》人民出版社1973年版，第445页。

② Denis Lawton & Peter Gordon. *A history of Western Educational Ideas.* Woburn Press，2002，p. 65.

言集》的做法。

英国的牛津和剑桥大学是以巴黎大学为模式创建的。在 14～15 世纪牛津大学的学科体系中，占中心地位的仍然是亚里士多德的著作。但牛津大学在一定程度上能摆脱教皇的控制而比巴黎大学拥有更多的学术自由，如在巴黎大学，自然哲学和法律中的市民法为教皇所禁止，而在牛津大学可以无所约束进行讲授和研究；属于自然科学范畴的"四科"（算术、几何、天文和音乐）在巴黎大学几乎被抛弃，但在牛津大学得到了很大程度的保留。中国学者赵敦华把造成牛津大学和巴黎大学学科体系及学术风气差异的原因归结为"巴黎大学继承了 12 世纪法国学者如阿伯拉尔、圣维克多学校的辩证法传统，牛津大学继承了 12 世纪英国学者研究数学和自然的传统。"① 从 16 世纪起，英国牛津、剑桥等传统大学开始设立一些自然科学课程，这可以从它们新增的大学教授席位得知。1546 年亨利八世在牛津和剑桥大学设立了包括医学在内的 5 个钦定教授席位。1575 年创立的格雷汉姆学院设立了数学和天文学教授席位。1583 年爱丁堡大学也设立了数学和自然哲学（科学）教授席位。

德国大学学科结构受巴黎大学影响很大，德国大学中的人文哲学系所开设的学科与同时期的巴黎大学基本一样，都以古典文献为学科的主要内容。但德国大学中的人文哲学系有关亚里士多德的著作较少一些，"七艺"中的"四科"所占比例较大。此外，德国大学中的法学院、医学院和神学院也并没有完全模仿巴黎大学的模式。

可见，文艺复兴时期大学学科设置发生变化，大学学科体系中增加了自然科学、历史和地理等新的学科，学科范围迅速扩大，到文艺复兴后期已有近 20 个学科。下表反映的是文艺复兴前后欧洲的学科分化与发展。

---

① 赵敦华：《基督教哲学 1500 年》，人民出版社 1994 年版，第 330 页。

表 1　文艺复兴前后欧洲的学科分化与发展①

14世纪以前	文艺复兴时期	17至18世纪
文　法	文　法 文　学 历　史	文　法 文　学 历　史
修辞学	修辞学	修辞学
辩证法	辩证法	逻辑学 伦理学
算　术	算　术	算　术 代数学
几何学	几　何 地理学	三角法 几何学 地理学 植物学 动物学 结构学
天文学	天文学 力　学	天文学 力　学 物理学 化　学
音　乐	音　乐	音　乐

4. 学科培养目标人性化，科学与人文结合

文艺复兴运动被认为是从古希腊罗马文化中找寻"人"的地位和尊严，使"人们的精神这时已经觉醒到自己的存在，并要寻求一个可以依以存在的

---

① 曹孚：《外国教育史》，人民教育出版社 1979 年版，第 62 页。

新的稳固的理想。"① 这就是造就具有"人性"特点的"新人"。人文主义者认为"人性"存在于古希腊罗马文化之中，借助古典文化可以解决人类生活中的一切问题或主要问题。

文艺复兴时期大学教育更加以人为中心，大学学科培养目标旨在培养多方面知识和谐发展的"新人"，这种"新人"能够依靠自己的力量达到最高的优越境界，塑造自己的生活，以自己的成就赢得名声。培养"新人"的过程也就是发掘"人性"的过程。把人作为教育的根本出发点和归宿，用教育的手段来发掘人的潜在能力和创造能力，包括塑造自己的能力。教育就是把人从自然状态中脱离出来发现他自己的人性的过程。人文学科是达到这种目的的重要手段，如语法和修辞不仅引导学生熟悉古典研究并培养他们有效的说写能力，而且也引导学生熟悉文学、历史和道德哲学，不仅要熟悉所学习的经典作品的形式，而且要熟悉这些作品的内容。② 这是"一段人们关心人超过关心神的时期"。③

人文最根本的要义是自由，追求人性的自由和解放。对人的自由权利的追求孕育着理性精神。同时，科学孕育着自由的精神，科学的发展进一步弘扬了理性。自由和理性为科学和人文所共有，二者殊途同归。人文主义者认为人的理性来源于对自然的全面认识，人的非凡才华的获得需要汲取各方面的知识，科学和人文知识是相辅相成的，学习这两方面的知识可以相得益彰。正如布鲁尼所说："非凡的才华只能从渊博的知识中产生，因此需要广涉时事，博览群书。要研究哲学、诗歌、演说、历史以及其他方面的著作，从中汲取各方面的知识，使我们的思想丰富多彩而不至于感到空虚贫乏……科学和文学知识是相辅相成的，同时学习这两方面的知识可以相得益彰。有文学而无科学就会显得空乏无力；有科学而无文学也会显得隐晦和暗淡无光……从某种意义上说，一个人的文学和科学才能是相互交织的。"④

---

① ［瑞士］雅各布·布克哈特著、何新译：《意大利文艺复兴时期的文化》，商务印书馆 1997 年版，第 171 页。

② ［英］阿伦·布洛克著、董乐山译：《西方人文主义传统》，生活·读书·新知三联书店 1997 年版，第 45～46 页。

③ ［美］S·E·佛罗斯特著、吴元训等译：《西方教育的历史和哲学基础》，华夏出版社 1987 年版，第 196 页。

④ 丹尼斯·哈伊著、李玉成译：《意大利文艺复兴的历史背景》，三联书店 1988 年版，第 138 页。

在某种程度上，文艺复兴时期的科学文化是在人文主义和宗教改革进行思想解放的基础上逐步兴起和发展起来的。在文艺复兴时期的大学教育中，强调人文与科学的联系，为科学教育和人文教育的结合奠定了文化基础。

三、启蒙运动时代到 20 世纪中期的大学学科文化

（一）启蒙运动时代到 20 世纪中期的大学学科文化的背景分析

1. 启蒙运动及其影响

始于 17 世纪末的启蒙运动出现在欧洲资本主义生产关系日益发展，资产阶级处于上升的时代。它发源于英国，鼎盛于 18 世纪的法国，波及西欧各国，是继文艺复兴运动后欧洲历史上的又一场思想解放运动。

文艺复兴是启蒙运动的前奏和序幕，18 世纪被称为理性时代，直接来自于文艺复兴的理智观点被概括为"启蒙"二字。启蒙运动是指用近代科学文化驱逐宗教蒙昧主义，用科学理性思想启迪人们的理智和智慧，以抛弃迷信和偏见。亲历启蒙运动的德国哲学家康德（Immanuel Kant）认为："启蒙运动就是人类脱离自己所加之于自己的不成熟状态。……敢于思考！（Sapere aude！）要有勇气运用你自己的理智！这就是启蒙运动的口号。"①

"启蒙"在 18 世纪的法国和德国成为流行的词汇，在英国直到 19 世纪才成为流行语，但 18 世纪知识的光芒已经照亮了黑暗，正如英国诗人亚历山大·蒲柏所言：大自然和大自然的法则躲在黑夜里，上帝说"让牛顿干去！"一切就大放光明。②

理性是启蒙运动最主要的时代特征。启蒙思想家把历史看作是一种从迷信到科学、从超自然到自然持续不断的线性发展过程。并认为某种理性一定会到来，但可能由于人类的某些行为而加速或减缓这个过程。启蒙运动对理性的高扬实现了西方思想和文化向现代的转换，这种转换在教育方面主要功绩在于以启蒙教育为武器，对封建旧教育进行猛烈抨击，提出了改造旧教育的指导思想，为建立资产阶级新教育设计了理想蓝图。如在教育体制上，反对教会垄断教育的旧体制，主张建立国家管理教育的新体制；在教育目标上，反对旧教育

---

① ［德］康德著、何兆武译：《历史理性批判文集》，商务印书馆 1997 年版，第 22 页。

② Denis Lawton & Peter Gordon. *A history of Western Educational Ideas.* Woburn Press，p. 87.

以培养宗教圣徒和达官贵族为目的，要求培养资产阶级的理想新人。即理性健全、体魄健康、道德高尚、勇于追求真理并具有一定的职业技能和自立能力的资产阶级新人；在教育对象上，反对将教育只限于僧侣与贵族子弟，指出人人都有平等的受教育权，提倡普及教育；在教育内容上，反对教育内容的宗教化和古典化，主张加强和发展实科教育；在教育方法上，反对经院式的教条主义，提倡行以求知，注重思维能力的培养。①

启蒙运动推动了教育改革由神学化逐渐向世俗化、科学化和国家化转变，促进了资本主义新教育体制的形成。但启蒙运动有其不可克服的时代和阶级的局限性，妄想通过教育培植一种理性来改造社会，夸大了教育的社会作用，因此在实践中是行不通的。不过启蒙运动了不起的发现就是"把批判理性应用于权威、传统和习俗时的有效性，不管这权威、传统、习俗是宗教方面的，法律方面的，政府方面的，还是社会习惯方面的。提出问题，要求进行试验，不接受过去一贯所作所为或所说所想的东西，已经成为十分普遍的方法论。"②

2. 大学的衰落和复兴

在启蒙运动思想的影响和推动下，到 18 世纪末，西方发达国家已经先后完成了资产阶级革命，政府权力从封建统治者手中转移到资产阶级手中。政府不再一味迁就大学，因为它已具备了全面干预社会的能力，希望在社会中扮演越来越重要的角色，它的专制已经能够为其控制大学提供保证，想把教会在精神领域的责任和使命收归己有。于是国家和教会出现了矛盾——国家越是以其政治权力和行政权力干预和影响大学，教会也就越是以其在精神领域内的力量控制大学。在政府和教会的双重高压控制下，大学的生存和发展空间日益狭小，自主艰难，并最终走入僵化和衰落，如在英国，到 1685 年时，牛津因"缺少学生而濒于死亡"，这种状况一直保持到 19 世纪。由于学院寄宿费用上涨等原因，穷人子弟几乎从大学中消失。人文主义衰退成一种烦琐的经院哲学，讲课和辩论也随之衰退。以至于 17 世纪后期约翰·奥伯雷讥讽大学教授的是"一种本尼迪克特僧侣（a Benedictine monk）的学问。"③

① 高九江：《启蒙推动下的欧洲文明》，华夏出版社 2000 年版，第 211～214 页。

② ［英］阿伦·布洛克著、董乐山译：《西方人文主义传统》，生活·读书·新知三联书店 1997 年版，第 84 页。

③ ［美］伯顿·克拉克著、王承绪等译：《高等教育新论——多学科的研究》，浙江教育出版社 2001 年版，第 33～34 页。

到 19 世纪初，政府在与教会的权力争夺中逐渐占了上风，它一方面有意识地剥夺中世纪建立起来的国际性大学的特权，另一方面开始尝试建立地方化和民族化大学。这种尝试最早出现在西班牙。此后，创建地方化、民族化大学的浪潮遍及几乎整个欧洲。在这一时期，经过改造和新建的地方化大学不下 40 所，大学开始复兴。

在法国，1747 年创立土木工程学校专门培养土木工程师，1794 年成立公共工程中心，不久更名为巴黎理工学校，培养交通、军工、采矿、测量等部门的专业技术人才。德国于 1799 年创办柏林工业大学，美国于 1802 年创办西点军校，在美国开工程技术学科之先河。这些单科性学院和多科性工业大学的创办的目的都是为了适应资本主义社会经济和科技的发展需要。1836 年英国伦敦大学的创建有一定的代表性。19 世纪以前，英格兰只有牛津和剑桥两所大学，随着产业革命的勃兴，对掌握现代生产、科技、经济和管理等方面的专业技术人才的需求越来越迫切，但以牛津和剑桥为代表的传统大学拒绝专门的职业教育，对产业革命反应迟钝。于是在 1809 年和 1831 年分别针对牛津和剑桥围绕高等教育学科、专业和课程的取向发生了两场大辩论，其结果直接导致了伦敦大学的创立。新的伦敦大学根据社会和经济发展需要设置学科、专业和课程，主张把教育与职业联系起来，"完全删去和基督教有关的一切"。① 在伦敦大学的影响下，19 世纪中后期城市学院在英国兴起。这些学院都处于人口较多的工业城市，服务于地方工业发展，学科涉及面广且比较现代化。"这些新型的大学学院从最初起就有一个优先的目标，即发展那些被认为能够给当地工业直接带来益处的学科。"② 这样，最终提高并确立了理科在大学中的地位，偏重工业和科学领域培养新型实用人才如企业经理、设计师和工业技术开发人员等，成为所在城市的工业研究中心。伦敦大学和城市学院的兴起改变了英国高等教育的传统结构，明确了大学不仅应是教学的中心，而且应是科研的中心，是创造知识的地方。

3. 柏林大学的创建及其辐射效应

早在 17 世纪末，大学中出现了一股新的势力，其重要标志是 1694 年德国创办的以理性主义为基础的哈勒大学。这所大学具有两大特征："第一，它吸

---

① 王承绪：《伦敦大学》，湖南教育出版社 1995 年版，第 27 页。
② 殷企平：《英国高等科技教育》，杭州大学出版社 1995 年版，第 25 页。

收了现代哲学和科学；第二，它建立在思想和教学自由这一正式的新原则之上。"① 哲学成为大学的基础性学部，课程以多样化的学科为基础单独设置，如哲学部的课程被分解为三大类：第一是理则学，第二是历史，第三是实践哲学，包括道德学、政治学和经济学。② 鲍尔森认为，"哈勒拥有第一所现代大学的称号，它是第一所建基于自由研究和教学原则之上的大学。……它的教学基于的假设基础是：真理必须发现，教学的责任在于培养和引导学生发现真理。正是这种态度使哈勒大学成为了宗教改革后新的社会环境中的第一所大学。"③

然而，1806 年，德国在耶拿被法国拿破仑的军队彻底打败并失去了哈勒大学，明智的腓特烈·威廉三世决心用精神力量去补偿物质上的损失。他任命威廉·冯·洪堡任内务部长，改革普鲁士教育，创办柏林大学，受命于危难之中的洪堡第一次站在现实的土壤中来理解高等教育，对柏林大学作出全新的规定，提出了大学教育的三大原则，即"独立性、自由与合作三者相统一的原则"、"教、学与研究三者相统一的原则"、"科学统一的原则"。这样，1810 年新创建的柏林大学的自主权很大，从校长选举产生到教师自由授课，从多种学派共存于这所大学到学生自由听课或转学，所有这些政府都不予干涉。真正贯彻了教学与科研相统一的原则，无论是教师还是学生，都围绕着独创性地探索或掌握科学的原理和方法，改变过去那种以博览群经和熟读百家为主的教学方法。④ 在教学方面还组织了众多的研讨班——"习明纳"，致力于培育研究方法，并将它作为学术性教学的一个重要组成部分。建立了巩固的讲座制度，鼓励教授的科学研究和知识的专门化。专门化的单科教授职位纷纷设立，教授的声望和晋升完全取决于他对自己学科的贡献。柏林大学还确立了哲学在诸学科中的中心地位，使哲学部在哲、法、神、医四个学部中处于统帅地位。

柏林大学全新的改革，"使旧瓶装入了新酒，旧瓶也因此破裂。"⑤ 并极大地推动了 19 世纪德国大学的发展，"高等教育的规模迅速扩大，1850 年大学

---

① Friedrich Paulsen. *German Education: past and present.* London: T. Fisher Unwin, 1908, p. 117.

② 田培林：《教育与文化（下）》，五南图书出版公司民国 76 年版，第 543~544 页。

③ Friedrich Paulsen. *The German Universities and University Study.* London: Longmans, Grean, &Co., 1908, pp. 46~47.

④ 徐辉、方展画：《世界教育大系（高等教育分卷）》，吉林教育出版社 2000 年版，第 10 页。

⑤ ［美］亚伯纳罕·弗莱克斯纳著、徐辉等译：《现代大学论——美英德大学研究》，浙江教育出版社 2001 年版，第 272 页。

生人数已达 13，000 人，而到了 1914 年则猛增至 64，657 人。"① 柏林大学被誉为"第一所具有现代意义的大学"。"柏林大学的建立不只是增加了一所大学而已，而是创造了一种体现大学教育的新概念。重点在于进行科学研究而不在于教学和考试。"② 科学研究成为大学的新职能，从而标志着世界高等教育的发展进入了一个新的历史时期，开创了新的纪元。近代德国进步的、以研究为方向的大学后来广为世界各地所羡慕和仿效。德国成了世界教育的中心，对世界高等教育产生了强大的辐射作用。在美国，德国的大学模式得到了最有意识的模仿，最为突出的表现是 1876 年约翰·霍布金斯大学的创办。约翰·霍布金斯大学引入了德国大学的讲授法和习明纳制度，注重研究生教育和科学研究，开设开拓性的研究生课程和杰出的医学院，成为一所自由自在地探求真理的非教派机构。在约翰·霍布金斯大学的带动下，迫使哈佛、耶鲁等美国其他大学纷纷设立或改进它们的研究生院，以获得完全大学的地位，美国大学开始朝着高深的学术研究方向前进。在英国，1830 年前，"英格兰没有科学专业，也没有任何从事科学事业的机构。"③ 在德国大学的冲击下，英国新兴大学最先引入科学学科和研究，曾经顽固反对培养学生研究精神的牛津和剑桥大学也被迫改制。1855～1860 年间，牛津建立了许多现代实验室，剑桥也于 1871 年建成著名的卡文迪什实验室，聚集了一批卓越的物理学家在此工作，使英国的实验物理学执世界之牛耳。到 19 世纪 80 年代，科学研究之风已在英国大学盛行。④

德国大学的影响是世界性的，除了以上两国以外，还对法国、日本、荷兰、瑞典以及中国等都产生了深远的影响。对中国的影响集中体现在蔡元培对北京大学的改革。蔡元培吸收了德国柏林大学的办学理念，担任北京大学校长期间，厉行改革，提出"思想自由，兼容并包"的改革方针。将大学看作研究高深学问的地方，主张教学和科研的结合，在北京大学首创文、理、法三科研究所。多方网罗学识渊博、热心教育、具有先进思想的新派人物担任教师。

① 徐辉、方展画：《世界教育大系（高等教育分卷）》，吉林教育出版社 2000 年版，第 11 页。

② ［英］威廉·博伊德，埃德蒙·金著、任宝祥、吴元训主译：《西方教育史》，人民教育出版社 1985 年版，第 330 页。

③ Willis Rudy. *The Universities of Europe*，1100～1914：*A History*. London：Associated University Press，Inc. 1984，p. 128.

④ 贺国庆等：《外国高等教育史》，人民教育出版社 2003 年版，第 216 页。

调整科系设置，实行选修制。设立评议会和教授会，提倡"教授治校"，主张文理沟通。这些改革，使北京大学焕发生机，成为一所名副其实的现代大学。

4. 科学革命的推动

随着各国大学对科学研究的日益重视，科学占据了重要的地位。也取得了重大的成果，其突出表现在自然科学的三大发现——能量守衡与转化定律、细胞学说和进化论。X 射线、量子论、相对论等的相继问世，使自然科学领域发生了翻天覆地的变化。理论科学演化成基础科学，技术科学受到青睐，工程科学在对技术进行工艺化、程序化的过程中出现，根据知识的形态特征及其作用，已经出现了基础科学、技术科学和工程科学的结构形式。这一新的科学结构形式强化了科学的社会性，从而推动了社会的科学性，加速了知识的物化进程。

同时，在哲学、社会科学领域的各门学科及其学科结构也处于变革和发展之中。马克思主义哲学、政治经济学和科学社会主义的诞生引起了哲学和社会科学领域的一场深刻的革命，在人类科学和学科发展史上具有里程碑的意义。恩格斯从辩证唯物主义观点出发，提出了按物质运动的变化形式对科学进行分类的思想。认为客观世界的物质运动按照从低级到高级的顺序，可以分为机械运动、物理运动、化学运动、生物运动和社会运动五种形式，这样，相应地可以把科学划分为力学、物理学、化学、生物学和社会科学五大部类。这一分类学说涵盖了从无机物的最简单的运动形式到有意识的生物的生命和思维这一大跨度，融进了联系和发展的思想，使人类对学科结构的整体把握不仅成为可能，而且从理论和实践的结合上进行了突破。①

自然科学大发展孕育了科学主义哲学流派的产生和发展，笛卡尔是第一个系统阐述科学主义思想的哲学家，他把科学看作是唯一的知识、永恒的真理，是文化中最有价值的部分，是能够用公理推导的知识，而美学、伦理学和神学等学科不能用公理推导，因此应排除在知识之外。他认为，运用了科学方法的自然科学是客观现实的正确表象，是一切知识的范例和标准。包括人在内的自然界不过是一台完美的、被精致的数学规则控制着的机器，遵循着一定的自然规律运转。拉美特利（Julien Offroy de la Mettrie）则大胆提出"人是机器"的哲学命题。科学主义哲学的另一位重要代表人物孔德（Auguste Comte）创立

---

① 陈燮君：《学科学导论——学科发展理论探索》，上海三联书店 1991 年版，第 22~23 页。

实证主义哲学，认为一切科学知识都必须建立在来自观察和实验的经验事实的基础之上，经验是知识的唯一来源。

20世纪后，以卡尔纳浦（Rudolf Carnap）和赖欣巴哈（Hans Reichenbach）等为代表的逻辑实证主义者倡导科学经验主义（scientific empiricism），在西方哲学中兴起了统一科学运动。他们认为，所有的研究领域都未超出科学的范围，都可以从科学的方法中获益。因此，可以把自然科学的概念和方法移植到社会科学和人文学科领域，从而实现自然科学与社会科学和人文学科的统一。"在描述和解释世界方面，科学是万物的尺度，即判定什么存在或不存在的尺度。"①

科学主义走向唯科学主义泥潭，并对高等教育产生重大的影响。以科学主义为基础的高等教育哲学认为，大学是以国家和社会需要为前提，大学的培养目标是造就对国家和社会有用的科学人才。因此大力提倡科学教育，主张大学教育的专业化和职业化，把教学看作是一个"科学"的过程，应该严格遵循科学的程序和逻辑。科学学科的地位日高，人文学科遭到冷遇，唯科学主义成为学科现代化转型的根本方向与基准，实证化、实用化、精确化和控制化的思维方式与原则成为现代学科发展的基本指导思想，并对20世纪中期以后的学科发展产生深远的影响。

（二）启蒙运动时代到20世纪中期的大学学科文化的本质特点

通过以上对启蒙运动时代到20世纪中期大学学科文化的背景分析，笔者认为，在这段历史时期中，大学学科文化呈现出如下特点：

1. 新的学科不断出现和分化，学科体系的"百科全书式"特点凸显

启蒙运动的影响和推动使得西方发达国家先后完成了资产阶级革命，政府权力从封建统治者手中转移到资产阶级手中。从而推动了资产阶级教育改革由神学化逐渐向世俗化、科学化和国家化转变，促进了资本主义新教育体制的形成。掌握政权的资产阶级开始利用权力和资源纷纷创建地方性和民族性大学，随着新大学的创建和传统大学的改造，新的学科不断出现，原来的传统学科不断分化。

19世纪初到20世纪中叶，随着生产的发展和社会分工的加剧，自然科学领域学科大发展，科学技术日益细化，促使自然科学各个学科门类的独立与分

---

① 施小光：《美国大学思想论纲》，北京师范大学出版社2001年版，第130页。

化，微观物理学、生物科学、地质科学和航空科学等各类科学分支不断出现。出现了基础科学、技术科学和工程科学的结构形式。在《学科的边缘》一书中列出的自然科学学科的名称有4126种，1987年重庆出版社出版的《世界新学科总览》收录的当代哲学和社会科学领域中主要有影响的学科就有470门。在高等教育领域同样出现了这种学科分化的情况，如早在19世纪上半叶社会科学内部分化就已明确形成。截止第一次世界大战爆发之时，历史学、经济学、政治学、社会学、人类学和东方学等已经有了广泛的共识，随后地理学、心理学和法学等学科在大学中得到重建，并逐渐成为大学的学科。① "截止到1945年，组成社会科学的全部学科基本上都已经在世界上的绝大多数主要大学里制度化了。"② 伴随着各门具体学科纷纷进入大学，大学学科的发展进入了以自然科学为主体的分科时代，大学学科类型和数量日益增多，学科体系呈现出了"百科全书式"的特点。

2. 大学学科逐渐"专门化"和"科学化"，科学文化日盛

1810年德国柏林大学的创建，是传统大学向现代大学转型的标志。它建立了巩固的讲座制度，专门化的单科教授职位纷纷设立，鼓励教授的科学研究和专门化分化。作为一种新型大学，自由的科学研究是其首要的理念。把逐渐发展起来的自然科学列入大学学科体系，从此，科学研究成为大学的新职能。哲学在各学科中居于中心地位，取代神学的至高地位而成为大学的核心。哲学院中不仅包括人文和社会学科，而且还引进和设置了自然科学方面的学科，成为追求纯粹知识的场所。

神学、法学、医学和哲学的学科内涵较之以前不同了，而变得更为"专门化"和"科学化"。如在神学部，只有对"教条"、"宗教史"、"新约"或"旧约"注疏工作有精深研究者才能分门别类地担任神学教授职务。在法学部，只有德国法、罗马法、教会法以及刑法和民法等教授。在医学部，只有眼科教授、妇产科教授，而没有普通的医学教授。在哲学部，中世纪或近代初期那样"一般学术大师"之类的称呼不再继续使用，取而代之的是物理专家、化学专家和数学专家等更为精细的划分。由于研究的分化极快，柏林大学成立

① 庞青山:《大学学科结构与学科制度研究》，华东师范大学博士学位论文2003年，第42页。
② 华勒斯坦等著、刘锋译:《开放社会科学:重建社会科学报告书》，三联书店1997年版，第33页。

后不久，仅哲学和医学部的教授人数就增加了四倍。① 研究的分化促使了大学学科的专门化，从此，"专门化"和"科学化"成为大学学科发展的一般趋势。

由于科学革命的推动，唯科学主义在 20 世纪实现了广泛的社会化，现代科学技术发展的巨大成就进一步强化了人们对科学的痴迷和信心。"科学新知一路战来，神学家、哲学家、查禁者、玄学家纷纷落马。"② 科学成了全部社会文化的最高尺度和标准，哲学、社会科学和人文学科也开始走向所谓的科学化道路。

"科学化"成为 20 世纪学术和社会生活中使用的一个高频词。各门具体学科都遵循"量化"、"实证化"和"实用化"等原则和方法进行"科学化"改造。于是，"科学文化已不再具有启蒙时代的深层的目的性、价值性使命。理性已失去其往日的'光环'而被技术昭示出效率、控制与实用的内涵。人性、自由、主体内在精神、人道主义这些科学理性经过艰苦卓绝的斗争才从'上帝'那里解放出来的文化真谛已被唯科学主义留在了启蒙时代，并且又给人重新套上了使人为之疯狂与痴迷的技术主义、功利主义和唯物质主义的枷锁。"③ 科学文化日益走向"繁荣"。

3. 人文学科和自然科学开始对峙，两种文化的冲突显露

随着科学技术的大发展和科学文化的兴盛，"知识就是力量"的理性观念取代了"知识就是美德"的古老神话。近现代大学学科就是在科学主义知识观的驱动下走向近现代化道路的。

在工业革命发祥地的英国，科学技术所带来的物质财富使英国人切身感受到科学知识的巨大力量。因此，在 19 世纪，英国围绕有关大学教育的目的和内容分别展开了两次大辩论。在辩论中，剑桥大学三一学院院长威廉·惠韦尔（William Whewell）竭力主张突出数学的功能，强调数学在自由教育中的作用。但遭到了主张突出哲学作用的苏格兰学者威廉·汉密尔顿（William Hamilton）的批判。纽曼（John Henry Newman）则明显不信任科学，认为知识本身即为目的，古典文学、哲学和文科是最有价值的学科。而斯宾塞（Herbert Spen-

① 田培林：《教育与文化（下）》，五南图书出版公司民国 76 年版，第 561～562 页。

② ［美］乔伊斯·阿普尔比等著、刘北成等译：《历史的真相》，中央编译出版社 1999 年版，第 6 页。

③ 郝德永：《课程与文化：一个后现代的检视》，教育科学出版社 2002 年版，第 40 页。

cer）猛烈抨击古典学科，认为教育的目的是"为完满的生活作准备"，科学是最有价值的知识。与纽曼和斯宾塞不同，约翰·斯图亚特·密尔（J. S. Mill）和帕蒂森（Mark Pattison）两人虽然接受了科学，把科学和古典文学都视为完整高等教育的组成部分，但他们仅仅把科学看作训练其他心理功能的手段，从而滑向了古典文学的一端。阿诺德（Matthew Arnold）则明确提出教育的最好内容是古典文学而不是自然科学。赫胥黎对此论断予以驳斥，指出科学是教育的重要组成部分，自由教育是多方面的，不仅包括智力训练，而且还包括身体、道德和审美等方面的训练，这种教育既是自由的，又是实用的。可见，赫胥黎在提倡科学和科学教育的同时，还提出了文理沟通的观点，明确阐述了科学与文学、艺术以及美术的关系，认为"科学与文学不是两个东西，而是一个东西的两个方面。"①

19世纪英国的这两次教育大辩论导致了学术界有关知识和教育的价值观发生了根本的转折，打破了古典人文主义的一统局面，确立并提高了科学在大学中的地位，科学学科开始大规模地走进一向注重"古典传统知识"的英国大学中，就连最为传统保守的牛桥大学也积极增加了近代科学学科，如牛津大学增设自然科学、近代史、英国文学、近代外语、工程学等学科。剑桥大学在1900年以前也陆续设立了法律、历史、印度语、中世纪及现代语和机械科学（后来的工程学）等荣誉学位考试，而且还为发展这些新学科增设或改设了一些教授席位。与此同时，德、法、美等工业大国的大学学科都纷纷步入科学化发展轨道。自然科学学科逐渐成为大学学科的重要组成部分。

随着自然科学学科在大学的地位上升，人文学科开始遭受冷遇。二者之间的冲突发生，正如华勒斯坦所说："在整个19世纪，各门学科呈扇形扩散开来，其所秉持的认识论立场互不相同。一端首先是数学，其次是以实验为基础的自然科学（它们依照一种逐次递降的决定论排序：物理学、化学、生物学）；另一端则是人文科学（或文学艺术），其中哲学的地位最高（它作为一种非经验性的活动依附于数学），然后是对于形式艺术实践（包含文学、绘画和雕塑、音乐学）的研究，这种研究时常接近于史学，如艺术史。介乎人文科学和自然科学之间的是对于社会现实的研究，其中历史（研究个别事件的）接近于文学艺术，事实上它经常是后者的一部分，而社会科学（研究普遍规

---

① ［英］赫胥黎著、单中惠、平波译：《科学与教育》，人民教育出版社1990年版，第21页。

律的）则接近于自然科学。知识日益僵硬地分化成两个不同的领域，他们在认识论上的侧重点彼此不同，于是研究社会现实的学者往往不知不觉地陷于两者中间，在这些认识论问题上歧见甚深。"①

从19世纪开始，"大学就成了文科（人文科学）和理科（自然科学）之间持续紧张的主要场所；人文科学和自然科学现在被界定为两种完全不同、对有些人来说甚至是截然对立的认识方式。"② 人文学科和自然科学学科之间的对峙越来越引起人们的关注，二者之间的冲突似乎也越来越大，以致于英国学者斯诺把这种现象称之为两种不同的文化，并于1959年在剑桥大学以《两种文化》为题公开发表其撼世之言，这就是著名的"斯诺命题"，也是本书导论部分"问题的提出"和研究的出发点。

① 华勒斯坦等著、刘锋译：《开放社会科学：重建社会科学报告书》，三联书店1997年版，第11页。
② 同上书第9页。

第二章

大学学科文化的本原——知识

　　知识是一个内涵丰富而外延极其宽广的概念，关于知识的定义也是千姿百态的。西方自 20 世纪 60 年代关于"知识"概念有一个较流行的说法是：知识就是四个 W。即知道是什么（Know-what）、知道为什么（Know-why）、知道怎么做（Know-how）、知道是谁（Know-who）。到 1996 年经济合作与发展组织（OECD）在其年度报告《以知识为基础的经济》（*The Knowledge Based Economy*）中把这四种知识分别称为：事实知识（Know-what）、原理知识（Know-why）、技能知识（Know-how）和人力知识（Know-who）。在我国，这一定义也广泛被人们接受。但这一定义只回答了"什么是知识"，只划出了知识的范畴或知识的外延，而没有回答"知识是什么"这一本质属性。

　　我国出版的大多词典或辞典中对知识的理解是：人们在社会实践中积累起来的经验。这一定义把知识等同于经验。从本质上说，知识应该属于认知的范畴，它是人类在实践过程中对自然、社会和人自身进行认识的结果。伯顿·R·克拉克把知识看作是一种特殊的理智材料，并认为在任何社会里，学术工作都是围绕着这种特殊的理智材料组织起来的，只要高等教育仍然是正规的组织，它就是控制高深知识和方法的社会机构，它的基本材料在很大程度上构成各民族中比较深奥的那部分文化的高深思想和有关技能。这种特殊的理智材料，尤其是高深的知识材料，是任何高等教育系统的目的和实质的核心。①

　　本书所称的知识也是基于伯顿·R·克拉克对知识的理解，指的是一种高深而特殊的理智材料，具有专门化、自主性和累积性等特点。"本原"是个哲学概念，是指一切事物的最初根源或构成世界的最根本实体。在研究大学学科

---

　　① ［美］伯顿·R·克拉克著、王承绪等译：《高等教育系统——学术组织的跨国研究》，杭州大学出版社 1994 年版，第 11～12 页。

文化时，把知识称之为大学学科文化的本原是基于知识是大学学科最基本的构成要素，是大学学科文化的最初根源和构成大学学科文化的最根本的实体。现主要从知识增长的过程、模式和多样化；基于学科的知识分类；知识的性质及其对学科文化的影响等三个方面进行探究。

一、知识增长的过程、模式和多样性

（一）知识增长的过程

美国著名科学史学家和科学社会学家普赖斯（Derek J. de S. Price）认为，和绝大多数自然现象一样，科学知识的增长是一条大致的逻辑性曲线。学科在开始阶段的发展是相对缓慢的，以后表现为指数增长时期，接着是线形增长时期，最后是缓慢的不规则增长的时期。如果采用每年出现的新出版物数量的增长来表示的话，它的累积增长的逻辑性曲线经历以下四个阶段：[1]

①在最初增长阶段，尽管增长率高，但增长的绝对值较低；

②在指数增长阶段，一个领域内的出版物数量每隔一定时期成倍地增长，这是恒定增长率的结果并使得增长的绝对数量日益增加；

③在线形增长阶段，每年的增量接近于一个常数，但是增长率下降；

④增长率和增长的绝对值都下降了并最后接近于零。

美国著名科学社会学家黛安娜·克兰（Diana Crane）把普赖斯的研究、库恩（T. S. kuhn）的范式理论和她自己的经验调查结合起来，得出了知识增长的大致过程，认为知识的增长大致经历了四个阶段：

第一阶段，出现了具有创新意义的研究，也就是新的知识范式出现，并且开始吸引新的学者，知识平缓地增长；但学科的社会组织较少甚至没有出现；

第二阶段，由于少数高产学者的努力，范式得到承认，知识表现为常规科学特征，一个常规科学时期开始出现，同时他们也吸引了大量学者的加入，形成合作者群体或无形学院，进而导致知识的指数增长；

第三阶段，随着大量重大问题的解决，知识出现反常的特点，学科的社会组织却日益专业化，社会互动减弱，争论也日益增加，学科的危机时期出现，知识的增长速度也随之下降；

---

① ［美］黛安娜·克兰著、刘珺珺等译：《无形学院》，华夏出版社1988年版，第1~2页。

第四阶段，知识出现衰竭，可解决的问题耗尽，学科最终衰落，导致学科社会组织的成员减少。

在增长的速度方面，普赖斯认为科学的指数增长的正常比率是大约每十年将近翻一番。学科的增长率还要更快一些。物理学文献现在是每 8 年翻一番，而社会学文献，从 1954 年至 1956 年每 3 年翻一番。① 黛安娜·克兰总结了其他学者在 7 个不同的学科研究领域中有关出版物和新作者人数成倍增长的时间间隔的研究，发现不同学科研究领域的增长存在显著差异，有的研究领域在很长时期内甚至保持相对的冬眠状态，没有广泛地吸引人的兴趣。详见表 2 所示：

表2　不同学科研究领域中出版物及新作者人数成倍增长的时间间隔（单位：年）②

研究领域	出版物的成倍增长	新作者的成倍增长
农业创新扩散（农业社会学）	3.0	3.0
小群体（社会心理学）	6.0	—
肥大细胞（生物医学研究）	8.0	—
噬菌体（分子生物学）	—	5.5
有限群理论（代数学）	5.0	7.0
环的理论（代数学）	3.0	4.5
行列式和矩阵理论（数学）	12.0	—

可见，不同学科研究领域的科学文献的指数增长表明知识的发展既是一个认识的过程也是一个社会的过程。如果知识的增长代表着许多细小创新的积累并在产生这些创新的时候依赖于彼此的著作（如引证等），那么就可以认为这些作者是采纳了其他人的创新。从这个意义上说，知识的增长就是思想传递的扩散过程。这种创新的扩散过程是遵循逻辑性曲线的，一个社会系统的成员彼此在进行交流的时候，接受了创新的个人要去影响那些还没有接受创新的个人，这样，就发生了个人之间的"影响"作用。如果个人之间不进行交流，那么系统中一个成员接受创新的概率就保持恒定而增长模式是线形的。正如斯

① ［美］黛安娜·克兰著、刘珺珺等译：《无形学院》，华夏出版社 1988 年版，第 12 页。
② 同上书第 148 页。

通（R. Stone）所说，教育应该看作是一系列的传播过程，这个过程部分地依赖于已经"影响"又易于"影响"别人的人数，部分地依赖于尚未"影响"而准备受"影响"的人数。社会互动加速了思想的扩散，从而使得研究领域中的知识累积增长成为可能。①

（二）知识增长的模式

如前所述，知识的增长是一条逻辑性曲线，这说明了在增长过程中学者之间的社会关系发生了变化，这就涉及到这些变化和研究领域中思想发展过程之间的关系问题，因此有必要理解知识增长的几种模式，本书把它概括为三种模式：

1. 连续性累积增长模式

连续性累积增长模式强调知识的连续性累积增长，把知识的增长看作是新思想累积的进步，而这些新思想是早先思想的逻辑结果。假设是从那些经过经验证据检验的理论中得出的，其证据是清晰的，从而使学者之间对于假设被证明的程度就不存在分歧。许多有关科学方法的讨论就是基于这种模式。

2. 断裂性增长模式

断裂性增长模式认为新思想不是起源于最近的发现，而来源于这个领域历史中任何一项早先的发展。在这个模式中，有跨越文化领域全部历史的一种自由选择。学者要从先前任何年代完成的著作中吸取灵感，当代人无需在彼此工作的基础上开展自己的工作。这种缺乏结构的增长是人文学科的特征。

3. 混合性增长模式

混合性增长模式包括了知识的连续性累积增长和点缀于其中的不连续性增长，这就类似于库恩关于科学革命的分析。这种分析把知识的累积增长时期（即库恩的常规科学）和危机与变革时期综合起来。一个领域的"常规"科学活动是由规定了基本问题的范式所指引的，科学知识建立在以前著作的基础之上，其增长采取了系统的形式。学者的任务是解决难题而不是寻求他所在的研究领域的全新的科学创新。当范式出现反常的时候，研究领域就进入了危机时期，此时，旧的范式受到攻击，人们开始寻求新的范式，新旧范式的博弈在所难免，新的范式要在这场博弈中获胜就必须被证明比旧的范式更为优越。当最

---

① R. Stone. *Mathematics in the Social Sciences and Other Essays.* Cambridge, Mass.: M. I. T. Press, 1966, p. 66.

后旧的范式被新的范式所取代的时候，由旧的范式所推动而出现的许多著作被认为不再有用，就不再作为这个领域中被接受知识的一个部分了。

克罗伯（A. L. Kroeber）把知识增长的以上这种模式描述为科学知识增长时期是由于刺激科学知识增长的思想消耗殆尽而结束的。他认为，学者对于一组问题的兴趣集中导致活动的逐渐加强，在这种活动中，已经取得的成果的重要性稳步增加。但当用于解决这些问题的方法的潜力逐渐耗尽或问题已经解决的时候，活动就逐渐减弱。当发现了针对这些问题的新方向或者确定了全新的一套问题的时候，就会重复发生这一过程。但以前的方法所产生的知识被重新加以解释而不是完全被抛弃。

巴克（K. H. Back）在克罗伯模式的基础上提出，一个研究领域的发展开始于对以前思想的综合和总结，这就产生了一种"模型"，并且这种模型随后会得到进一步深入地研究和发展。

图尔明（S. Toulmin）则看到了连续变化或者"细微变革"的过程，这个过程导致了"适宜的思想变异的选择性保存"。认为那些能够应用于更多领域的思想最有可能被保存下来，这是一种典型的达尔文主义。图尔明和库恩的观点共同之处在于都认为在科学中的"自我怀疑流行期"科学知识不是累积的。但库恩认为旧的模式被抛弃了，而图尔明认为旧的理论可以保留在新的领域之中或者当发现新的事实的时候被重新引入一个新的领域。

霍尔顿（G. Holton）关于科学变革的概念综合了克罗伯和图尔明两人的解释，把科学作为一个整体，认为科学的增长是因为每一个学科领域的增长所致。他像图尔明一样类比生物进化，从思想观念间的生存竞争角度看到了科学学科的产生和消亡，认为在广泛的不同学科中使用的某些重要概念保证了增长的连续性。①

混合性增长模式同连续性累积增长模式和断裂性增长模式的显著区别在于混合性增长模式认为在科学变革实现的过程中某一特殊的认识事件起着重要作用。这也是库恩特别强调的因素，在库恩看来，一个"范式"使一个科学领域在一定时期内的累积性增长成为可能。马斯特曼（M. Masterman）对此作了内容分析，把库恩的"范式"概念划分为三大部分：形而上学的范式、社会学的范式、人造的或构造的范式。在这三大部分"范式"中认识事件的表现

---

① ［美］黛安娜·克兰著、刘珺珺等译：《无形学院》，华夏出版社 1988 年版，第 24～26 页。

及作用各不相同，在形而上学的范式中，判断性的认识事件是观察的新角度，是一种神话，是形而上学的思辨；在社会学的范式中，事件是普遍承认的科学成就；而在人造的或构造的范式中，范式提供了一组工具或仪器，提供了对于具体问题进行研究的手段和解决问题的方法。马斯特曼认为其中的第三种理解最为接近库恩关于科学发展的观点。也就是说，科学知识的增长是由于发明了一种解决问题方法的结果，这种方法能够应用于一组问题并产生了库恩所说的"常规科学"。①

事实上，对于认识事件而言，主要从两个方面刺激着知识的增长，一是范式作为看得见的一种方式、一种观点或一种模式；二是范式作为特殊类型的工具或者作为解决问题的方法。其中，主张范式是许多研究领域所共有的一种说明事件的方式的观点是可以自圆其说的，整个学科常常对于现象采取共同的定向方针。而范式作为特殊类型的工具或者作为解决问题的方法，是研究领域中某种非常专门的东西，范式对于具体问题独特的适用能力是范式解决难题的"力量"源泉。

（三）知识增长的多样性

知识增长与知识的类型密切相关，黛安娜·克兰把知识分为三大类：基础科学知识、人文科学知识和技术知识。② 其中的基础科学知识主要是指自然科学知识；人文科学知识指的是艺术、文学、历史和哲学等领域的知识；而技术知识是指为解决实际问题而专门发展的或应用的科学知识。在基础科学知识中，知识的增长是与逻辑性曲线相吻合的，一系列思想和社会的变化引起了增长速度的变化，但这一发展模式对其他类型的知识并非完全适用。

人文科学知识和技术知识二者都不呈现发生在基础科学知识中的那类积累性增长。人文科学知识文献的增长完全是杂乱无章的，新发展是基于"对全部文献档案的随意搜寻"，不是基于做出最新贡献的小群体。在许多人文科学知识的杂志上，以新近的文献作为参考文献的百分比是较低的。英国现代人文学科研究学会对英国文学界 1923 年～1967 年英国语言和文学每年出版物累积数进行了统计，通过对其统计数据的分析表明，到 1939 年为止，增长类型一

① M. Masterman. The Nature of a Paradigm. In I. Lakatos and A. Musgrave, eds., *Criticism and the Growth of Knowledge.* Cambridge：At the University Press，1970，pp. 59～89.

② ［美］黛安娜·克兰著、刘珺珺等译：《无形学院》，华夏出版社 1988 年版，第 88 页。

直是线形的，接着是增长速度很慢的指数增长，大约是每17年翻一番而不像基础科学文献那样每10年翻一番。① 在此基础上可以推测，在基础科学知识中存在的那种解决疑难的范式不存在于人文科学知识之中。但在人文科学知识中可能存在取向范式（orientation paradigms）或关于现象本质的期望。一般而言，范式越不明确，不一致性越大，那么大量研究者承认这个范式并选择它来进行研究的可能性就越小。这样在人文科学中兴趣集中在特殊的研究领域的学者可能要比自然科学中的学者少，罗伯茨（A. H. Roberts）通过对语言科学研究者进行调查研究后发现，在语言科学研究领域中从事某一特定研究的学者还不到一打。②

技术知识比人文科学知识更具异质性，它适用大规模活动，其中的某些活动与基础科学知识相类似，但有的技术知识的分支不依赖于基础科学知识，而有的是从基础科学知识的发现中引申出来的。技术的成长是很难加以研究的，因为技术专家并不很乐意通过文献报道他的创新，主要是担心别人会在他能够做到之前利用他的创新从事商业活动，因此文献不可能是对已经产生的创新进行的完整的记录。美国伊利诺技术研究所在追溯五种主要技术创新的发展历史的时候，所采用的是研究与发展的"事件"（即以某种方式与这种创新的发展相联系的情报的发现）而不是出版物。③ 其研究表明，技术知识领域的成长不同于基础科学知识领域，一项重大的技术创新通常是建立在大量发现的基础之上的，知识在科学类型间的扩散主要依靠个人的交流而不是文献。技术专家主要感兴趣的是发现解决疑难的方法，而对于确定问题范围和提供全面视野的"取向"并无兴趣。一项重大的技术创新发展的成长曲线也有别于基础科学的成长曲线，技术是以急速增长的突然迸发为特征，这种急速增长是由于在研究者群体中某项具体创新的实现而产生的。在应用科学中，一项重要创新得以发展的可能性经常是直到发明出现的前几年才得到承认的。而在基础科学中，存在着相对缓慢的知识积累，研究领域的目标在其发展的早期就已经确定并一直刺激着它的发展。

---

① ［美］黛安娜·克兰著、刘珺珺等译：《无形学院》，华夏出版社1988年版，第163页。

② A. H. Roberts. The System of Communication in the Language Sciences: Present and Future. In C. Nelson and D. Pollock, eds., *Communication among Scientists and Engineers*. Lexington, Mass.: D. C. Health, 1970, pp. 307~323.

③ ［美］黛安娜·克兰著、刘珺珺等译：《无形学院》，华夏出版社1988年版，第90页。

可见，不同类型的知识呈现不同的增长模型，知识增长表现为多样化的特征。

二、基于学科的知识分类

（一）潘廷（C. F. A. Pantin）和库恩（T. S. kuhn）的二分法

知识领域可以通过多种方式进行分类，并产生多种多样的不同结构。潘廷和库恩有关学科知识的分类比较有代表性。

潘廷把学科知识划分为限制性知识和非限制性知识两大类，所谓限制性知识，就是有明显界定的边界，所关注的问题主要是比较狭窄和受限制的定量问题，并且拥有良好的理论结构、可归纳的结论和普遍性的法则。知识发展是相对稳定的累积增长，新的结论都是知识已有状态的线形发展的结果。而非限制性知识具有相反的特点，指的是具有不清晰界定的边界，所关注的是范围宽泛和定义松散的定性问题，并且是非确定性的理论结构、反复的探究模式和特殊性的知识。知识发展的突出特点是反复性、主观性和不确定性。

潘廷进而通过举例说明了他的分类的区别，他认为，在学科知识之间，如生物学和物理学之间存在着一些真正的区别，生物学是非限制性科学，生物学的研究者必须使其研究的问题遵循其他科学的相关规则。在这个领域中生命有机体是重心，但生物科学比其他科学学科范围更宽泛，其边界相隔甚远。生物学不但极具多样性，而且还是一门不精确的科学。其证据是不完整和零散的，尽管生物学家喜欢概括，但他们也非常明白物质的变异性，事实上导致每一次概括都是有怀疑的，本质的变化导致其概括和解释存在一定的主观性。物理学是限制性科学，不要求研究者横跨所有其他科学，正是这种限制成为他们成功的基础。在讨论这种二分法的运用与科学间关系时，潘廷没有试图去描绘出任何有意义的联系，再者，目前非限制领域应如何评价以及将来怎样发展也不大明显。他坚定地认为，概念的范围越狭窄和明确化，学科领域的边界划分就越清晰。潘廷的分析旨在保持物理学的清晰和一致性，在某种程度上是成功的，也许可以认为学科所关注的内容取决于其边界的人为划定。但是必须承认这种界定有其存在可能的内在特征，与此不同的是，其他科学领域——横跨各种自然现象的领域以及包含实际运用的领域就不大令人满意，在社会科学和人文学科中的许多问题就显得"天生粗糙"（inherently lumpy）。①

库恩的出发点是研究物理学发展的革命性阶段，探究其不同的特征。他有针对性地提出了范式概念，并把学科知识分为范式和前范式两种形态。

范式在不同的场合有不同的界定，有些情况下指的是有助于界定学科文化的思想和技术、信仰和价值的特殊安排，它代表着一个特定共同体的成员所共有的信念、价值、技术等构成的整体。而有时指的是较为狭窄意义的学科矩阵，即一种形成专业学科从业者共同拥有的符号概括、模型和范例的汇集。它指的是那个整体的一种元素，即具体的谜底解答；把它们当作模型和范例，可以取代明确的规则以作为常规科学中其他谜底解答的基础。

在库恩看来，范式不同于单纯的理论和理论系统，它包含了科学实践中一切影响科学家的活动和发展的认识的、技术的因素。范式包含三个方面内容，即科学的理论体系、运用这一理论体系的心理认识因素以及指导和联系理论体系和心理认识的自然观。范式论揭示了科学的发展不仅仅是纯粹理性和纯粹逻辑范围内的事情，而且与科学以外的社会和历史因素紧密联系，具有明显的社会性。范式主要在于对某一"科学共同体"的拥护，它代表这一共同体成员所共有的信念、价值、技术手段等的总体。"一个范式就是一个科学共同体的成员所共有的东西，而反过来，一个科学共同体由共有一个范式的人组成"。②

我国学者瞿葆奎进而界定了研究范式的概念，认为研究范式是指一个科学共同体在思考和解决某一学科重大问题中所形成的主导性研究方式和共同规则。③ 一般认为，研究范式主要包括比较稳定的学术团体、共同认可的价值规则和比较一致的研究方法论。某一研究范式代表了某一学术共同体对本学术领域内的关键问题和发展方向的把握，并因此形成一套比较一致的话语规则和价值取向，成为学科内部认同的基础。

范式概念是库恩的学科群分化的核心，一方面，"成熟的"科学建立了明显的范式，另一方面，那些"未成熟的"研究领域仍然处于发展的前范式阶段。清晰明确的范式意味着学科的共同一致性，争议的、无形的或非现存的范

---

① Tony Becher &Paul R. Trowler. *Academic Tribes and territories*：*Intellectual Enquiry and the Culture of Disciplines.* The Society for Research into HE &Open University Press，2001，pp. 31 ~32.

② ［美］托马斯·库恩著、金吾伦、胡新和译：《科学革命的结构》，北京大学出版社2003年版，第158页。

③ 瞿葆奎：《教育学文集》，人民教育出版社1988年版，第179页。

式归因于看待世界的普遍方法和处理研究问题的特殊方法二者之间的内部分歧。

范式是使一门学科成为科学的"必要条件"或"成熟标志"，只有根据范式实体的变化，才能使我们更加清晰地把握科学发展的脉络。据此，库恩在《科学革命的结构》一书中提出了以范式存在方式为转移的常规科学与科学革命相交替的发展模式。库恩认为，任何一门学科在没有形成范式以前，只处在前范式时期或前科学时期。一门学科一旦出现了统一的范式以后，就进入渐进性发展的常规科学时期。在常规科学时期会出现反常和危机现象，而新范式的出现标志着危机的终结，进入了科学革命时期。当新范式最终战胜并取代了旧范式，这就意味着科学革命时期的结束，开始了新的常规科学时期。在新时期，科学研究以新范式作为科学共同体的共同信念，并在它的指引下继续积累式地前进。这种科学发展的动态模式可作这样的概括：前科学时期—常规科学时期—反常与危机—科学革命—新的常规科学时期。

可见，潘廷和库恩二者都运用现象学的分析方法，把对学科知识的分类建立在研究者在其不同探究领域里的孤立的观察之上，并提出了一个简单的二分法，都表面上关注各种科学而忽视其他学科群。但二者分类的区别也是明显的，潘廷的分类主要依据的是知识的结构和有关学科内的个别专业，而库恩主要关心的是学术社团（即库恩所指的科学共同体）而且适应的是学科而非研究活动的亚学科层次。

（二）比格兰（A. Biglan）和科尔布（D. A. Kolb）的分类

潘廷和库恩两人的现象学分析方法被比格兰和科尔布所采用，比格兰根据对不同学者进行问卷调查而得到的数据讨论有关"不同学术领域的主要特征"。他的样本较小（来自对伊里诺斯大学（Illinois）168位教职和一所西部学院54位教职的问卷调查），但他的发现是详细的。他使用了三个相应维度：硬—软，纯—应用，生命体系—无生命体系；在判断的基础上探求了36个学科知识领域的异同之处，他把第一个维度同"范式存在的程度"联系起来，第二个维度同关注应用程度联系起来，第三个维度是把无生命物体和生物及社会领域加以区别。他的学科知识领域的划分维度有助于强调不同学术学科认识论特征的多样性。尽管数据表明三种分类中横跨其中两种的知识群之间有一些密切的联系，但只有相当少的学科如化学、物理或各种工程学的亚学科能够形成一个横跨所有领域的稳定的群体。① 比格兰的学科知识分类方法在后来有关教职评估过程中加以运用，从而使其有效性得以验证。

科尔布采取了不同的问卷调查方法，他的数据主要来自于对学生学习策略的分析而不是根据教职的主观判断，是一种对被调查者的心理测试。它是基于社会心理学传统中有关选择和社会化过程共同产生了日益不可渗透性的同类学科文化并且使学生的学习也被专门化的一种争论之上，科尔布使用自己创建的学习方式量表——科尔布学习方式量表（the Kolb Learning Style Inventory），从抽象—具体、积极—反射这两个维度出发对 800 个不同学科背景的从业者和学生的学习方式进行测量和分析，结果发现，学习方式的差异与大学生教育经历密切相关。当从抽象—具体、积极—反射这两个维度来处理科尔布学习方式量表（LSI）的平均分时，有关学科知识的划分与比格兰的划分有很大的重叠。为了更为明确，科尔布用自己的划分维度对比格兰的硬—软、纯—应用两个维度进行了解释（他略去了生命体系—无生命体系这个维度），当数据取样范围更宽泛时，结果发现二者分类高度一致。正如科尔布所说，一般都把学术领域划分为两大阵营：科学和艺术，或抽象和具体。而积极—反射或应用—基础的划分维度有利地丰富了维度的又一种划分，当学术领域被划分成这种二维空间时，学科的四重类型学出现了。在抽象—反映（硬纯）象限是自然科学和数学等学科；在抽象—积极（硬应用）象限是以科学为基础的专业，特别是工程学等；具体—积极（软应用）象限包括社会专业，如教育、社会工作和法律等；具体—反映象限（软纯）包括人文和社会科学等。② 这样可以把它们的关系及所包括的学科领域图示如下：

　　① A. Biglan. The characteristics of subject matter in different scientific areas, *Journal of Applied Psychology*, 1973. 57 (3). pp. 195 ~ 203.

　　② Tony Becher. Disciplinary Shaping of the Profession. in Burton R. Clark. , ed. *The Academic Profession: National, Disciplinary, and Institutional Settings*. Berkeley, Los Angeles, London: University of California Press, 1987. pp. 274 ~ 275.

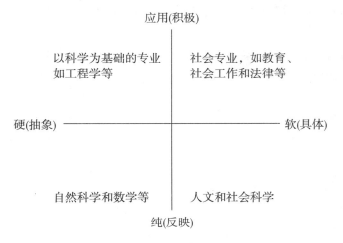

图3　比格兰和科尔布学科知识分类关系图

可见，比格兰和科尔布有关学科知识的分类明显优于潘廷和库恩的地方有两点：一是他们采取了维度的划分，比没有维度划分的潘廷和库恩的分类更能作出较为微妙的区别；二是他们特别关注知识领域的认识论特征以及研究群体的社会属性。用比格兰和科尔布所采用的把学科直接归为各种领域的方法以及其他倡导者所采用的分类系统的方法，在一个宽泛的分析层面也许可以接受，但当仔细地加以观察时，也证明是一种严重的误导。然而，这种对知识的分类也是有用的。正如科尔布指出，这种分类"不可能适当地处理各种学科中的知识结构和探究程序的复杂性和可变性"，但是它们"确实为描述学科变化提供了有用的维度，有助于在更为细微和局部的层面揭示其连续性和相互关联性"，科尔布—比格兰框架能够为探究知识的变化及其所有特征提供一套精巧的分类。① 但就科尔布和比格兰二者的分类而言，科尔布的分类使用的术语较为抽象深奥而不易明了，而比格兰的分类拥有比对方更多的优点且容易理解，是我们研究学科知识分类可资借鉴的重要方法。

为了研究的方便，本书研究采用二者之长，把比格兰有关学科知识分类的三维度中的生命体系—无生命体系这个维度略去，从而从认识论角度确立学科知识分类的两个重要维度：硬—软和纯—应用，进而把学科知识划分为四个领

---

① 　Tony Becher &Paul R. Trowler. *Academic Tribes and territories*：*Intellectual Enquiry and the Culture of Disciplines*. The Society for Research into HE &Open University Press，2001，p. 39.

域，它们是硬纯领域、软纯领域、硬应用领域和软应用领域（有关这四个学科知识领域的特征将在第三章中详述）。

但是值得注意的是，就是这种有关硬—软和纯—应用领域的分类也不可能精确，它未能恰当地对已有的某些学科知识进行归类。如把社会科学和人文学科大致划为同类的软纯知识类别就漠视了其组成学科本身及其之间的明显差别。经济学与人类学相比较，经济学在硬纯学科和软纯学科之间更接近于硬纯学科。历史学和心理学之间在其观点的形式、概念和方法等方面存在根本的区别。许多个别学科领域本身包括多种研究方式和认识论特征。自然地理学属于硬学科，而人文地理则被归于软学科。工程学中的一些理论部分比物理学中的一些实践部分在本质上更接近纯学科。再者，知识不断变化的本质导致很难把它进行永久地归类。这不仅因为目前的理解会明显地随时间的流逝而改变，而且随着现存知识消亡或明显改变而导致知识的新形式可能出现，这在知识信息大爆炸的今天更是如此。因此，分类学最好被看作是用不同的方式组织我们对知识的理解的一种方便但偶然的手段，长期的发展趋势似乎是"认识工具"的一种分裂，是学科方面知识构建的不同工具而已。①

三、知识的性质及其对学科文化的影响

所谓"性质"，是指事物相互区别的某种根本属性。那么知识的性质就是标示各知识领域的根本属性。要揭示知识的性质及其对学科文化的影响，我们可以从知识的中心和知识的结构两个方面入手。

（一）知识的中心

知识的中心是与学术研究活动密切联系在一起的，在学术研究活动中，存在着两种不同性质的研究活动——研究普遍性的学术活动和研究特殊性的学术活动。如万有引力是物理世界普遍的特征，有关这类研究可以归为研究普遍性的学术活动。而"抗日战争"则是历史学中不能重复的特殊事件，那么这类研究就只能划为研究特殊性的学术活动。

以上这种对研究活动的划分也并不是绝对的，应该做到具体情况具体分

---

① Tong Becher & Paul R. Trouler. *Academic Tribes and territories: Intellectual Enquiry and the Culture of Disciplines.* The Society for Research into HE &Open University Press，2001，p. 38.

析。一般而言，研究普遍性的学术活动的研究过程并不依赖某一种资料来源，普遍性解释的探索是公开的。相互之间可以进行研究结论的比较、保持同行联系和出席同行研讨会之类的学术活动。研究普遍性的学者群体——"无形学院"往往规模很大，从事同一课题或密切相关课题研究的学者有时人数众多，这就有可能导致学者相互间可以不同程度的分享资料、知识和经验，学科专业学会的功能较强。有的还通过诸如研讨会、实验参观、人员交流、团体通讯以及个人通讯联系等多种渠道和形式交流成果。但学者之间竞争激烈，如在成果的出版发表方面，物理学中一些研究普遍性的领域，延迟三个月发表研究成果就会被认为时间过长。

研究特殊性的学术活动缺乏共同的理论假设框架，对具体问题的探索比较非公开化，即使多个学者恰好依据同样的资料来源进行同样课题的研究，他们也倾向于在一个相当封闭的知识背景中从事研究。学者们喜欢离群独处，同行间的职业联系和交流较少。即使交流也常常只能在一般水平上交换关于资料来源、图书收藏等方面的意见而无法使他们就某一研究课题进行详尽的讨论。所以研究特殊性的学者可能在全世界都难以找到几个可以就同一问题进行探讨的同行，学科专业学会功能较弱。学者间的竞争远远不如研究普遍性的学者，如历史学家的成果从写作到出版发表可以有一到三年的间隔期。

可见，不同的研究活动依赖于不同的知识中心，不同的知识中心提供不同的文化——有的提供书面文化，有的提供口头文化。[①]

（二）知识的结构

"结构"是指事物各组成部分的搭配和排列，那么，知识组成部分的排列组合就是知识的结构。一般可以分为两种：规则性结构和联合性结构。所谓规则性结构，是指知识具有严格定型的逻辑顺序，每一项新的研究成果在整个知识的体系中有它自己适当的位置，是一种坚硬的晶体状结构，呈树状形式生长和发展。而联合性结构则是由许多观念群组成，没有明确具体的框架，是一种柔软的蜂窝状结构，呈河状生长和发展且流向无常。这两种知识结构所表现的

---

① ［美］伯顿·克拉克著、王承绪等译：《高等教育新论——多学科的研究》，浙江教育出版社2001年版，第195~199页。

差异性主要有以下三个方面:①

1. 知识结构的分化程度不同

规则性结构的知识通常可以被分成一系列非连续且易于解决的问题,并可以把这些问题大致分配到正在从事这方面工作的学者中去,各分支领域以各种科研小组的形式进行研究。如在物理、化学等硬纯学科的许多领域中,由于其知识的规则性结构特点,问题的解决也可以通过导师分配学生研究课题的形式进行,而研究成果一般都有导师的署名。

联合性结构的知识常常需要"细微的概念描述",其研究活动主要由单独的学者进行,如在社会学和历史学等学科领域中,其专业领域一般都不需要建立研究小组(历史人口统计学是个例外)。但所有需要作出复杂解释的分支"都要求有能独立工作的专家,这些单独工作的专家要查阅分析所有的资料……最后也只有他一个人——至多两人——能写出一本有分量的专著",不过总的来说,"历史学家是单兵作战的学者"。②

正是这种知识结构分化程度的差异导致在规则性结构的知识领域中,问题的研究可以划分为若干简短而直接的研究阶段,从而大大缩短了科学研究工作的时间跨度。但联合性结构的知识领域中的许多问题涉及面广且不易划分,往往需要从事此类研究的学者数年而不是较短的时间内才能完成研究。这就导致各学科成果的获得及其发表等方面存在巨大的差别,在拥有规则性结构的知识的学科领域中,一位学者能够凭借一种技术获得一系列研究成果并可能在一年内发表 20 多篇小论文。但是在联合性结构知识的学科领域中,尤其是其研究成果需依赖在一定季节进行野外观察的专业(如生物学的很多专业),一年中也许只能发表 1~2 篇较长的论文了。

2. 学术的声望等级不同

学术生活的显著特征之一就是几乎一切都是以或多或少的微妙方式分等的。大多数学者都很清楚自己学科中最有声望的期刊,能够列举出大学院系的级别顺序以及个人学术等级含蓄而明晰的划分。另外,还存在着一种依附于特

---

① Tony Becher. The Cultural View, in B. R. Clark (ed.) *Perspectives on Higher Education*: *Eight Disciplinary and Comparative Views*. Berkeley, Los Angeles, London: university of California Press, 1984, pp. 186~193.

② [美]伯顿·克拉克著、王承绪等译:《高等教育新论——多学科的研究》,浙江教育出版社 2001 年版,第 200 页。

定学科的声望以及在专门学科间一些领域中大致的排序。物理学家自以为和被认为其声誉要好于普通人群，历史学家被认为等级高于地理学家，经济学家看不起社会学家，如此等等。粗略而言，硬知识领域地位高于软知识领域，纯知识领域高于应用知识领域。用社会学的术语来说，更多内部分层的学科（那些明显标志内部身份区别的学科）的声望地位高于其他学科。理论家一般都被看作是处理最困难复杂智力任务的人。①

在规则性结构的知识领域中，当知识发展到一定程度时，能够开拓新的研究方向并可以比较容易地预测在特定的时间内那些课题和方法是最值得研究和运用的。但在联合性结构的知识领域，一般都以松散的课题联合为基础，缺乏在一个领域进行集体探索的可能性，因此，在这样的领域中取得重大成就不但需要作出判断而且还需要运气。在规则性结构的知识领域中，存在着明显的声望等级，并且会产生出学科知识领域中的学术旗手和专家领袖人物。如许多物理学家都能够毫不犹豫地列出本学科主要分支的等级顺序，认为本学科中最基础最理论的部分就是地位最高的部分。但在联合性结构的知识领域中，不存在明显的等级差别。如在历史学中，似乎不存在一个公认的学术等级顺序，研究古代史的学者不会把自己专业的学术地位同本学科中研究近代史的学术地位的高低联系起来。与规则性结构的知识领域相比，联合性结构的知识领域不易产生学术旗手和专家领袖人物。

3. 研究时尚不同

所谓"时尚"，指的是当时流行的风尚。时尚渗透着学术生活的各个方面，有着多种多样的形式。研究时尚是一个价值负载的语汇，不同的人可能有不同的解释。对于同样的研究活动，赞成的人可能称之为"热门领域"而津津乐道。但不赞同的人可能斥之为"纯粹的时髦"而已，认为对知识领域的发展会产生不利的影响，造成知识领域学者人口的不平衡——有的领域学者过剩，有的领域学者不足。但总的来说，在高等教育背景中，研究时尚应该被看作是许多学者寻求提高自身声望的一种快速有效的方法而并非轻浮。

黛安娜·克兰试图给研究时尚下一个中性的定义，她认为研究时尚就是在快速拓展的交际网络中由于社会认同程序的出现而导致大量学者共享某种领域

---

① Tony Becher &Paul R. Trowler. *Academic Tribes and territories*：*Intellectual Enquiry and the Culture of Disciplines.* The Society for Research into HE &Open University Press，2001，p. 81.

的相似感觉。① 一般而言，有三类学者易受流行时尚的影响，即库恩所说的"范式的选择或改变"。第一类是指那些性格和职业具有高度流动性的学者。这些人不愿固定地忠诚于单一的研究，稍有名气就渴望追求新的想法。第二类学者通常因为研究本身变得乏味而不再执着于他们当前的研究，希望寻求更有前途的新领域。第三类主要是见习期的学科新手。这些人还没有形成固定的学科忠诚感，喜欢在未被充分研究过的学术领域取得成功。②

在规则性结构的知识领域中，累积性知识的建立可能逐步完善。因此在该领域中进行研究似乎与当前其他发展之间没有任何真正的联系，可供研究的空间有限。然而，这种不合时尚的研究领域中的特点在联合性知识领域中显然是不存在的，在联合性结构的知识领域中，就是对老问题采取新的研究方法和给予新的解释都是一种重新使之恢复生机的手段。

鲁西奥通过对一位生物学家的采访后认为，在分子生物学方面受过训练的人常常可以从生物学的一个领域跳到另一个领域，这些人有时更像技术专家而非生物学家去思考和解决问题，这就是所谓的"时尚效应"——他们在某个问题上工作，当别的问题出现时，他们就全部转向它，这样依次类推。③ 可见，在规则性结构的知识领域流行时尚起着支配作用，而在联合性结构的知识领域，由于新的问题没有严格的界定，它容许更多折中选择的机会，可以依赖学术精英和特殊利益群体活动的促进，与那些问题的选择是基于强烈的理论推动的领域截然不同。

①　Diana Crane. Fashion in science. Social Problems, 1969. 16, pp. 433～440.

②　Tony Becher &Paul R. Trowler. *Academic Tribes and territories*: *Intellectual Enquiry and the Culture of Disciplines*. The Society for Research into HE &Open University Press, 2001, pp. 95～96.

③　同上书第 96 页。

第三章

大学学科文化的载体——学科

所谓"载体"，现代汉语词典给出了两种最基本的定义，即①科学技术上指某些能够传递能量或运载其他物质的物质；②承载知识或信息的物质形体，如语言文字是信息的载体。

在本书导论中笔者已经把大学学科界定为根据培养专门人才、进行科学研究和服务社会等任务及知识自身的特点对知识进行的有组织的社会分组，是拥有自己的一套观念、方法和主要目标的相对独立的知识体系。从这个界定中，我们可以得出：①学科是一种有目的的知识分组，不同的学科就是不同的知识分组，这种分组具有部落的属性；②学科具有认识的（理智的）和社会的特征；③大学学科随着大学的任务和知识自身的特点变化而变化。那么学科的这些本质和特征即学科文化就是通过学科承载的，学科是学科文化的载体。现主要从学科的本质、学科的特征以及学科的演化与生长等三个方面入手研究学科文化的载体。

一、学科的本质

（一）学科的内涵

像许多其他概念一样，学科的概念也不是完全明确的，它具有不确定性。一般而言，一个学科是否足以从其母学科中分离出来而成为单独的学科主要取决于处于领导地位的学术机构予以认可的范围以及独立的国际学术团体出现的程度（一般拥有自己的专业协会和专业杂志）。有时，某些机构可以决定在特定领域创建某个系科，但这些系科的智力合法性将会受到来自己有学术观点的挑战，因此，学科在一定程度上是由相关系科的存在而决定的，但并不是说，每个系科都代表一个学科。国际惯例是一个重要标准，虽未明确限定，但一般是由学术信誉、智力实体和适当的学科内容决定的。凡是对学术感兴趣并参与到学术事务中来的人都不难理解学科是什么。

金（A. R. King）和布劳内尔（J. Brownell）对学科进行过宽泛的描述，认为其主要包括社团、交际网络、传统、特定价值和信仰、领域、探究模式以及观念结构等方面。有的学者关注学科认识论方面，认为每个学科都拥有自己的一套观念、方法和主要目标；有的学者则关注学科的社会特征，把学科明确定义为有组织的社会分组；而大多数学者对这两种情况给予了同等关注，正如普赖斯所说，我们不能也不应该从事物的社会属性中分离出其本质的内容。雅克布森（B. Jacobsen）也指出认知特征和社会特征同样重要并相互影响。希恩（T. Shinn）则通过对无机化学、固态物理学和计算机动力分析进行仔细实证研究的基础上发现"认知的内部结构应该和社会因素相适应，单独的认识因素和科学方法不构成一个完整的解释方案，它也需要包括社会要素。"可见，认识的和社会的特征是理解学科内容的两个重要方面。①

我们可以在特定环境中比较方便地把学科描述成一种清晰界定而合理稳定的存在，但必须注意的是学科易受制于时间和空间的变化，正如鲍尔（S. Ball）和莱西（C. Lacey）所说"学科不是独块巨石，它是一种有着来龙去脉的存在。"② 知识领域不断变化的本质对学科本身及其文化特征都有影响，不仅像生物化学这样快速演变的领域比一二十年前更为复杂和专门化，而且像历史和现代语这些较为沉思和保守的学科也经历了长期重大的变化。但是每一门学科尽管可变，也通常表现出一种可识别的连续性，它的变异很少能够脱离所有重要的相似性，从而使得一门学科能够较为稳定地保持其基本特质。

学科在空间维度上变化也是一样，在局部看来，美国鲁西奥运用属型和显型的生物学类比法敏锐地探究了各种学科和机构之间微妙而复杂的相互关系，认为每一门学科都有自己的文化。属型代表着有机体基本的特征及其生存和成长的可能性，显型代表着在特定自然环境中这种可能性的现实表现。研究表明

───────────────

① Tony Becher. *Academic Tribes and territories: Intellectual Enquiry and the Cultures of Disciplines*. The Society for Research into HE &Open University Press, 1989, pp. 19～20.

② S. Ball and C. Lacey. Revisiting Subject Disciplines as the Opportunity for Group Action: a measured critique of subject subcultures. in L. S. Siskin and J. W. Little（eds）*The Subjects in Question: departmental organization and the high school*. New York: Teachers College Press, 1995, p. 95.

显型变化是实质性的，但是我们仍然能够识别流行于每门学科中的属型文化。① 他的研究局限于美国的大学和学院，如果我们采取全球化观点，亦即学科文化的跨国观点的话，也会发现存在大量的相似性和显然的差异性。这些差异有些来自于特定社会的教育体制结构或经济发展水平，然而似乎更多地反映出一个国家的特点和传统——"大文化"。如法国工程师喜欢使用抽象方法，每个问题的可行性探究是以高等数学为起点的；而美国工程师喜欢采取比较的方法，直接从答案着手，观察不同答案的优缺点。再如，不同国家的历史学家思维习惯也有所差异，他们看待问题都有一个民族的方法，即使是马克思主义思想体系，英国的马克思主义历史学家和德国马克思主义历史学家是不同的，并且二者与俄国马克思主义历史学家也不一样。然而值得注意的是，即使包含不同的思想体系和文化，也存在着历史学家可以共同定义的世界。同样，尽管每个国家的情况不同，但经济学是一门国际性学科，不同国家的经济学家能够相互理解各自所正在谈论的问题。

可见，学科的内涵中包括了认识的和社会的两大基本方面，学科在历史的、地理的和知识的变化影响下表现出一定的差异性和多样性，但这种差异性和多样性通过学科文化的维系而保持着一定的统一性，从而使学科的发展变化表现出一种可识别的连续性。

（二）学科的部落属性

如前所述，学科具有短暂变化的特征和自身的文化，因此，我们也能够适当地把学科看作是认可的身份和特殊的文化属性，那么就有必要厘清这些身份和特征可能采取的形式，也许我们可以从伊夫林·沃（Evelyn Waugh）的一篇描述战前英国贵族社会生活状况的回忆录中得到启示。他在这篇颇具特色的回忆录中写道：等级权贵间有影响的阶层分化了……显贵们除非有密切的联系，否则都相互躲开，他们一般在豪华正式的场合和赛马场见面，相互不常串门了……英国社会成了部落的集合体，每个部落拥有自己的首领和长者、巫医和英雄，拥有自己的方言和上帝，每个部落都有强烈的恐外症。②

---

① Kenneth P. Ruscio. Many Sectors, Many Professions, in B. R. Clark （ed.） *The Academic Profession: National, Disciplinary, and Institutional Settings.* Berkeley, Los Angeles, London: University of California Press, 1987, pp. 331~364.

② Tony Becher &Paul R. Trowler. *Academic Tribes and territories: Intellectual Enquiry and the Culture of Disciplines.* The Society for Research into HE &Open University Press, 2001, p. 45.

学术生活和这种情况一样也呈现出部落特征，正如伯顿·克拉克所说，在学科周围教职亚文化不断形成，随着学术工作及其观点的日益专业化，不同学科的人共同点减少，他们相互影响的冲动和能力都减弱了，如在社会学部落的人很少造访物理学领地并且对物理学家了解甚少。学科作为独立的状态存在，拥有自己独特的亚文化。①

个体对学术部落的归属感可以用各种方式表明。一是偶像崇拜。在物理学家办公室的墙壁上和书籍的护封上的画像通常是阿尔伯特·爱因斯坦和罗伯特·奥本海姆；但在社会学家那里却是马克斯·韦伯、卡尔·马克思和埃米尔·涂尔干。二是人工制品。在化学家的桌子上常习惯于放置一些复杂的分子结构三维模型；人类学家的墙壁上普遍装饰着多彩的挂毯和田野研究的发现；但数学家值得自夸的不过是一块涂满潦草代数符号的黑板。三是专业语言。这种专业语言通常使用各种语言符号作为中介，如音乐利用符号代表和传播声音，数学用符号表示数量关系和空间形式等等。但这些语言符号与日常语言不同，日常语言既是习俗的产物，也是社会和政治运动的产物。而专业语言是被有意地、慎重地且常常是精心地设计的。如图4是数学中毕达哥拉斯定理的图示形式。

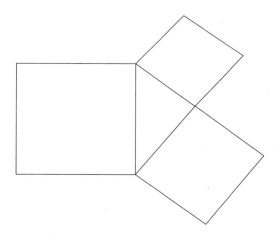

图4　毕达哥拉斯定理图解

---

　　① Tony Becher. The counter-culture of specialization. *European Journal of Education*, 1990. 25 (3), p. 333.

如果我们用一般日常术语来表达图的内容，很有可能说成："有一个直角三角形，画两个以该三角形的直角边作为其一边的正方形，然后再画一个以该三角形斜边作为其一边的正方形，那么第三个正方形的面积就等于前面两个正方形面积之和。"这样的表述尽管形式上比较完美，但没有一个数学家会采取这样的方式进行表述。他们可能会这样说："直角三角形直角边的平方和等于斜边的平方。"这样的表述不但言简意赅，而且专业性强。

另外，就是同一的专业词汇在不同的学科中其地位也是不同的。如在基本粒子物理学、固体物理学和分子物理学中，"发现"是一个中心概念。但在植物学和动物学的分类研究中，"发现"就不那么引人注目了。在机械工程学中，"发现"这一概念在很大程度上已经被"发明"的概念所取代。在法律学中，"发现"这一术语是没有地位的。在历史学中，新的原始资料的发现也许在刚刚出现的时候很重要，但对于历史学家的任务来说，就不那么重要了。①

可见，专业语言在创建学科文化身份方面起着关键的作用，但当它们以特种符号或大量专业化术语出现时，就会不同程度地超出缺乏特定知识经验的人的理解范围，成为各自学科领域里的"行话"。这样，在交际中就会出现语言学家称之为"语域"的问题，即一套不易被外行模仿的偏爱的术语、句子结构和逻辑句法。

学术生活的部落是通过各种手段排除"非法移民"的方式明确自己的身份和保卫自己的智力领域。有的是通过物质的形式展现（如某些院系的标志性建筑物）、有的是以其组成成员的个体形式出现（如伊夫林·沃所说的部落群中的首领、长者、巫医和英雄）等。除了这些学科社团的结构特征之外，呈现出更为强大的整合力量的是一些较为明晰的文化因素：学科的传统、风俗和实践；传递的知识、信仰、道德和行为规则；学科交流的语言和符号形式以及它们共享的意义。因此，要想成为学术专业某一特定领域的成员涉及到不仅要精通智力交流方面的技术，而且还要有忠诚于学术群体及遵守其规范的适当的尺度。②

① Tony Becher. The Cultural View, in B. R. Clark（ed.）*Perspectives on Higher Education*：*Eight Disciplinary and Comparative Views*. Berkeley, Los Angeles, London：university of California Press, 1984, pp. 178 ~ 179.

② Tony Becher &Paul R. Trowler. *Academic Tribes and territories*：*Intellectual Enquiry and the Culture of Disciplines*. The Society for Research into HE &Open University Press, 2001, pp. 46 ~ 47.

二、学科的特征

如前所述，学科主要包括认识的和社会的特征，学科具有部落的属性，通过其独特的文化实现学科社会化。托尼·比彻从认识论和社会学角度运用四个基本维度对全部学科知识进行划分。即认识论角度的硬/软和纯/应用维度和社会学角度的会聚/分散和城市/乡村维度。因此，本书也主要从认识论和社会学角度出发，借鉴托尼·比彻等人的研究成果，从而阐明学科的特征。

（一）学科的认识论特征

学科的认识论特征指的是学者对学科在认识论方面的一种总体判断，主要用硬/软和纯/应用两个维度加以衡量。其中硬/软是以该领域内所有学者对某一特定理论体系或研究范式的认同程度来描述学科属性的一个指标，认同度高，则硬度高，软度低；认同度低，则硬度低、软度高。一般而言，物理学等自然科学往往具有硬度高、软度低的特征；而历史学等人文学科则刚好相反，一般具有硬度低、软度高的特征。而纯/应用描述的是该学科领域的研究问题应用于实践的程度。纯度比较高的学科体系的构建往往需要学者依赖前人的知识体系并在吸取相关学科知识的基础之上，按照线性、逻辑的模式加以累计，循着一条以理论为导向来形成知识体系的路线。而应用度较高的学科的许多概念和理论大多来源于实践，这类学科体系的构建倾向于以实际的需求为导向，由实践推动理论的方式而形成，即遵循着"由下至上"的线路。因此，这类学科在短期内会出现认识论导向不一而学派繁多的现象。一般而言，物理、历史等学科纯度较高，但医学、教育学等学科应用度就较高。除此之外，这两个维度之间也可以相互交叉形成矩阵，这就把学科划分成了四个领域，即硬纯领域、软纯领域、硬应用领域和软应用领域。各个学科领域分别对应一定的学科群，因此把所有的学科归为四大学科群，即纯科学、人文和纯社会科学、技术学以及应用社会科学。我们可以从这四个领域的知识本质中探究学科的认识论特征，托尼·比彻的研究为我们提供了很好的借鉴，他根据探求知识目标的特征、知识生长的本质、研究者和知识的关系、探究的程序、真理主张的范围和标准以及研究的结果等因素对知识和学科群的关系进行了研究。详见表3所示。

表3　知识和学科群关系表①

学科群	知识本质
纯科学（如物理）"硬—纯"	累积性；原子性的（晶状的或树状的）；关注普遍性、数量和简单化；非个人的，不受主观价值判断影响；知识证实和废弃的标准明确；现在和未来发表重大问题具有一致性；以发现或解释为目标。
人文（如历史）和纯社会科学（如人类学）"软—纯"	反复性；全面性的（有机体的或河状的）；关注特殊性、质量和复杂性；个人的，受主观价值判断的影响；知识证实和废弃的标准有争议；重大问题的发表缺乏一致性；以理解或说明为目标。
技术学（如机械工程、临床医学等）"硬—应用"	目的性；重实效（凭借硬知识而获得技能）；关注物理环境的控制；运用启发式方法；使用定量和定性两种方法；判断标准是目的性和实用性；以产品或技术为目标。
应用社会科学（如教育、法律、社会管理等）"软—应用"	实用性；有用性（通过软知识而获得技能）；关注准专业实践的强化；大量使用个案研究；以礼仪或程序为目标。

可见，硬纯学科领域是物理学等自然科学受关注的领域，硬纯知识的一个突出特点就是它的相对稳定的累积增长，且这种增长在某种程度上不易明确规定。每一次发现一般都建立在以前发现的线形发展的基础之上，主要问题能够再分成较小的部分而分别解决。知识的增长方式是原子性的或晶体状的，它是通过积累而增长的并且是可分的。同时也像树状增长，从主干上不断分枝发展。与各种其他特征相联系，在这些特征中存在着明显用来建立和驳斥新的知识和主要主张的分类标准，如果符合这种标准的话，就被看作是一种发现，或导致新的解释，这种解释来自于对一些仔细控制的变量之间关系进行的系统调查，因此，解释往往是"强有力的"。它关注知识的普遍性、数量和简单化，不受个人主观价值判断的影响。硬纯领域的科学家因为其工作范围的边界能够很清晰地划定，所以他们似乎能够在任何给定的时间内知道自己下一步试图要解决的问题。他们所要求的是准确测量，科学家是通过追求规则和构建数学模式而了解自然的，其成功探究的主要成果是对迄今未知事物的发现或解释。

---

① Tony Becher, The significance of disciplinary differences, *Studies in Higher Education*, 1994. 19 (2). pp. 151～161.

软纯学科领域是历史学等人文和纯社会科学关注的领域。软纯知识的突出特点是反复性，基本问题可以反复。即同样的现象可以被单独的研究者进行研究，每个人可以呈现各自的发现。大多数探究的问题从一开始就是多方面的并不易再分。探究的模式是有机体状的，它的生长方式较为复杂，像一条河，本质上是流动的且流向无常。在软纯领域，缺乏对知识清晰界定的边界，存在相邻知识领域间边界的松散划定而导致知识具有明显的渗透性，学术工作通常横跨其他已经被探究的领域。人文和纯社会科学要求的是"细微的概念描述"而不同于物理科学所要求的"准确的测量"。这个领域的研究主要关注知识的特殊性、质量和复杂性，其中的变量较多，且经不起检验，研究者必须常常赞同"微弱"的解释。知识证实和废弃的标准有争议，易受个人的主观价值判断的影响，导致重大问题的发表缺乏一致性。其主要成果是对已知事物的理解或说明。

硬应用学科领域是机械工程等技术学所关注的领域。硬应用知识的突出特点是目的性，这些领域的工作总是拥有某个实际的目的，是经得起检验和反复实验的知识和方法，尽管硬应用知识有时在不同领域依赖于累积知识的发现和技术，但它不是数量性的，不必要积累。因为应用总是涉及一些质量判断的因素，如工程设计和医疗诊断等。硬应用学科领域关注掌握物质世界的方法，其主要产出成果是产品和技术。这些成果的优劣是通过有目的的和实用的标准加以判断的。

软应用学科领域是教育学等应用社会科学所关注的领域。软应用知识的突出特点是实用性，在相当程度上是建立在判例法之上。它没有硬应用知识那么稳定和进展明显，因为其智力之根在于对人文和社会科学不断重构的解释，而不像自然科学那样稳定的增长。它依赖于软纯知识达到专业实践的提升，但是它把软纯知识作为一种对人类处境复杂性的理解和妥协的手段而不是作为一种解释和掌握物质世界的方法。软应用领域的学科没有太多地建立在其他人的工作之上，这个领域的许多学科，如教育、社会管理和医学的人文方面，其主要成果是礼仪和程序，像硬应用学科领域一样，软应用学科领域中成果的有效性也主要以实用和功利主义的标准来判断。

使用以上这种笼统的描述来刻画四种学科领域的认识论特征只是接近事实的粗略轮廓，正如托尼·比彻所言，我们必须注意以下三点：①重视在学科构建中社会因素的重要性；②关注短暂变化的影响；③避免分类过于简单化。①
因此，我们有必要从社会学维度来进一步探究学科的另一重要的特征。

（二）学科的社会特征

学科的社会特征指的是学科界和人事网络的社会领域，是描述学科领域中
学者构成状况的基本指标，托尼·比彻在论述学科的社会特征时采用的是会聚
/分散和城市/乡村两个维度。其中会聚/分散维度是建立在库恩著作《科学革
命的结构》的影响之上，会聚是用以描述该学科领域学者紧密相连的学科组
织面貌，会聚的学科界是靠共同的范式和非渗透性边界紧密联结的，具有规范
的特征，依据的是其权限内个人和人事网络之间文化假设的一致和智力价值的
共性，是同保持合理一致的标准和程序以及"智力控制"和"稳定精英"的
存在相关的。会聚度较高的学科领域中的学者一般具有相类似的思维方式和价
值观，较为相似的学术判断标准，从而享有较高的认同感和较为一致的研究目
标。对于异己学派的观点一般怀有较为明显的排斥态度，这种"趋同排异"
的做法使得此类学科领域拥有较为明晰的边界。而分散度较高的学科领域情况
刚好相反，其中的学者相对分散。这类学科领域拥有较为分裂且较少稳定的可
渗透性边界以及不确定性结构，容许较大范围的智力偏常现象。学科领域中学
者的思维方式和价值观差异较大，学术判断标准迥然，缺乏较为一致的研究目
标和认同感。但一般能够比较宽容地对待不同的研究范式和观点，这种分散的
学科领域与其他学科领域的界限也比较模糊。

城市/乡村维度得益于普赖斯的《小科学，大科学》的影响，它是根据人
—问题的比率（the people-to-problem ratio）即在任何时候从事某一问题的学者
的数目或问题的群集度而划分的。因此城市/乡村是描述学者相对于研究问题
的比例的一个指标。城市度较高的学科领域拥有较高的人—问题的比率，相对
多的学者抢占相对狭小的学术研究领域且群集于易于短期解决的有限分离的课
题。通常拥有高层次的合作活动、有关资源的竞争激烈以及拥有大量可利用的
快速信息网络。这种学科领域很容易被分成为一些彼此独立且较为严格界定的
亚学科领域，这些亚学科领域之间彼此交流、相互争辩的氛围较为浓厚。城市
度较高的学科领域的学者生活竞争激烈，他们会竭尽全力地去发现解决问题的

---

① Tony Becher &Paul R. Trowler. *Academic Tribes and territories*：*Intellectual Enquiry and the Culture of Disciplines*. The Society for Research into HE &Open University Press，2001，pp. 36 ~ 37.

方案。他们因为害怕被剽窃，为确保成果的优先权而关注快速发表。团队合作是城市领域中的一大特点，当有多人从事某同一问题研究时，他们往往可以成为同事而进行共同研究。其研究环境易受时尚的影响和冲击，经常可以得到大量的资源和高科技技术，城市度较高的学科领域的学者常因为拥有良好的形象和声誉而获得拨款的机会，更为主要的是，这些领域偏爱"大科学"。而乡村度较高的学科领域拥有较低的人—问题的比率，学术边界通常较为宽泛，其中的学者相对较少且较为分散，亚学科领域之间的批判性交流和激烈的争辩也很少见。研究的问题稀疏分散而不是严格的区分且横跨较为宽泛的领域，存在众多研究话题，学者通常可以花费数年的时间去从事长期的研究，竞争的压力相对较小。乡村度较高的学科领域研究设备较为简陋，偏爱大量"小科学"的专门领域，同时也包括了大多数软纯、硬应用和软应用领域。①

从会聚/分散维度出发，物理学是最为明显的会聚学科，尽管物理学领域存在大量并且有时彼此难以理解的专业，但共性的意识是强大的。拥有重要的集体观念、相关的兴趣、共享的智力风格等。历史学的主要论题极少受限制，它所包含的多样性远远超过了物理学，但它也是一种会聚学科，事实上，历史学家倾向于把他们的学科描述成一门行业，宣称历史学是"扎根于证据之中而不是建立在理论之上"，并且认为历史学"有来源但没有方法"。大多数历史学家把自己看作是"同一职业中的一分子"，历史学家比其他学科的学者更多地使用"学者社团"这一语汇。数学和经济学也是两门具有较为明显会聚特征的学科，数学的特征是其研究者被看成是拥有"共同的话语模式"，普遍赞同"证明和定义的概念以及可接受性的标准"。而经济学包含"明显一致的方法和判断"、"共同的基本训练"以及"同样的基本原则"。而在维度的另一端，工程学是分散的学科，机械工程师的专业身份遭到了领域不断宽泛和缺乏理论核心的质疑，他们一般没有合作的概念或集体的观念、缺乏紧密的团结且相互间存有妒忌和竞争。社会学也是典型的分散学科，具有分化或分裂倾向，是一门在观点和问题上没有太多一致性的学科。甚至有人认为社会学不是一门真正的学科，它是一门"多范式科学"。有的学科，如化学、生物和法律等不

① Tony Becher &Paul R. Trowler. *Academic Tribes and territories: Intellectual Enquiry and the Culture of Disciplines.* The Society for Research into HE &Open University Press, 2001, pp. 106~108.

能被简单地看作是会聚或分散，这些学科常被认为处于会聚和分散之间。①

在城市和乡村维度上，物理学被看作是具有典型城市学科的风格，而化学却具有乡村学科风格。在化学领域中，研究者几乎很少为最后的结局而竞争，其大多数亚学科领域发表延期很长，论文预印本的发行明显没有物理学领域流行。实验室的研究不需要昂贵的仪器、大规模的实验或全球意义上的合作。在一定时间内问题的选择通常相当宽泛，并且人—问题的比率较低。从整个学术领域来看，城市学科风格的研究仅仅在分散的小块地方出现，如微生物学、控制工程和生物医学等领域。而在历史、经济学、现代语、社会学、地理和法律等领域中没有发现城市学科风格的研究群体。

可见，把学科标示为城市或乡村，实际上是在城市或乡村网络的多样性中辨别其优势，但把学科说成是会聚或分散指的是人事网络间关系的本质，而不是说明一种网络优于另一种网络。

（三）学科的认识论特征和社会特征之间的关系

认识的和社会的特征是学科的两个重要特征，也是认识和理解学科本质内涵的两个重要维度。二者之间的关系主要表现在以下两个方面：

1. 学科的认识论特征和社会特征是密切相关的

学科的认识论特征和社会特征是正确认识学科特征的两个不同的维度，二者在众多重要方面是相互联系的，并非彼此矛盾，都是我们认识学科特征的视角。

在硬纯学科领域，研究的前沿问题相当狭窄并且严格限定，学者群集在有限的智力领域周围，有着较高的人—问题的比率，一些地理上分散的团队可能都在从事密切相关问题的工作，研究步伐是快速的。因此交流渠道必须符合快速而经常相互交流的需要，群体中的学者经常可以在国际会议和座谈会上见面，相互拜访也是很常见的现象。发表的延期问题可以通过发行预印本或在期刊上发表短篇论文的方法缓解，而这些特征都是城市研究风格的特点，所以，一般而言，城市研究风格的实例出现在硬学科领域，尤其是硬纯学科领域。在硬应用学科领域的学者采取了不同的模式，问题较为分散，存在较少的团队研究且研究步伐较为平缓。学者没有经常参加会议的机会，相互间的联系通常是

① Tony Becher &Paul R. Trowler. *Academic Tribes and territories: Intellectual Enquiry and the Culture of Disciplines.* The Society for Research into HE &Open University Press, 2001, pp. 187 ~ 188.

通过书信的形式保持的。发表的延期平均为六个月到一年，因为成果发表的速度被认为不是最重要的。在软纯学科领域相互交流比较悠闲，因为这个领域的智力问题大多是个人所关注的。学者参加会议是偶然的，彼此是通过阅读对方的所发表的论文联系的。一般期刊论文的发表延期可能超过一年，书的出版时间更长。在软应用学科领域也存在同软纯学科领域同样的模式，但是不存在快速发表的强烈要求并且学者可参加的会议极少。①

会聚的学科等同于紧密的联结，而分散的学科被看作是非限制性的、无内聚性和具渗透性的学科领域。有些明显的硬学科如物理和数学等具有高度的会聚性，许多软学科如法律、社会学等会聚性就很低。但应用学科，不管是硬应用还是软应用学科，由于其特别易受外部干扰的影响，因此缺乏会聚所要求的集体性意识。有的硬纯学科如化学，其会聚性常常被它大量依赖于工业资助及其主要论题的高度原子化和分裂的特征所减弱，因此而呈现出分散的特点。而历史，尽管主要属于软学科，但可以通过一种无限制的、包含所有普遍性的以及缺乏理论分化等方式而具有会聚的特点。②

由此我们可以把各学科领域的学科群的特征简单归纳为：硬纯学科领域的纯科学具有竞争性、群居性、组织结构良好、较高的出版发表率、以任务为取向等特征；软纯学科领域的人文和纯社会科学具有个人主义的、多元论者、松散的结构、较低的出版发表率、以人为取向等特征；硬应用学科领域的技术学具有创业性、世界主义的、受专业价值的支配、专利代替出版发表、以功能为取向等特征；软应用学科领域的应用社会科学具有外向性、地位的不确定性、受智力时尚的支配、较低的出版发表率、以权力为取向等特征。

2. 学科的认识论特征和社会特征是随时空的变化而变化的

学科的认识论特征和社会特征不仅是相关的，而且随时空的变化而变化。在一个阶段明显表现为软学科特征的学科（如经济学在变得更为理论化和数学化之前）经过一段时间后可能变成硬学科，相反，主要表现为硬学科特征的学科也可能变成软学科，如教育行政，因受实证主义思想的影响，它已经从

---

① Tony Becher. Disciplinary Shaping of the Profession. in Burton R. Clark. , ed. *The Academic Profession: National, Disciplinary, and Institutional Settings.* Berkeley, Los Angeles, London: University of California Press, 1987, pp. 285 ~ 286.

② Tony Becher &Paul R. Trowler. *Academic Tribes and territories: Intellectual Enquiry and the Culture of Disciplines.* The Society for Research into HE &Open University Press, 2001, p. 190.

高度的定量方法中走出。再者，在某种情况下采用应用形式的学科，如在英国未授予特许状的大学中的"机械工程"，由于多种因素的作用，在其他地方如在精英研究型大学中的"工程科学"中则可能采取软学科的形式。在特定时期被看作是会聚的学科如20世纪50年代的语言学可能随后发生分裂而具有分散的属性。在一个国家如美国具有明显城市研究风格的学科如物理学在另外国家如拉丁美洲国家则更具乡村色彩。加上批判理论和后现代主义者思想对学科的影响已经导致了许多地方学科文化和范式的破裂，正如托马（Toma）指出，在有些学术领域中的学者（如法律等），不断采用不同的批判理论或解释模式作为其工作的基础，这种多样的实证主义和后实证主义探究范式的兴起使人不安。在同一学科中工作的学者由于建构知识和探究模式的不同而不再拥有共同的哲学传统和独特的学术文化。①

三、学科的演化与生长：模式和成因

（一）学科演化与生长的模式

我们知道，最初的中世纪大学的学科主要是培养律师、神学家和文书等，这种组织受到强烈地压制但从来没有消失。对学科的现代关注首先繁荣于19世纪德国大学学术专业化时期，从19世纪70年代开始，美国占了上风并为二战后极大程度的学科多样化奠定了基础。

对于学科多样化的表现方式，一般把其起源归纳为两种模式。即内在主义模式和外在主义模式。内在主义模式认为学科的生长起源于内部原因，它主要有两种方式——分裂（fission）和熔合（fusion）。所谓分裂，是指某一日益独立的专门领域脱离其母学科而成为一种独立存在的过程。如脱离数学的计算机科学等。所谓熔合，是指把来自不同学科的两个重叠的专门领域合并为一个新学科领域的过程。如从生物学和化学的密切联系中诞生了生物化学。外在主义模式认为学科的生长起源于外部原因，它主要是来源于潜在的市场需求，职业课程的涌现是对市场因素回应的典型标志。如会计和护理的出现被看作是学术

① J. D. Toma. *Scholars and their inquiry paradigms: exploring a conceptual framework for classifying inquiry and inquirers based upon paradigmatic assumptions.* Paper presented to the annual meeting of the American Educational Research Association, New York, April. 1996, p. 4.

的可接受性和大量学生的独立存在的结果。这种过程被布卢姆（Blume）称之为专业化，他认为新的研究领域在大学的创建必须拥有某种外部刺激，即觉察到服务于特定社会功能的潜在效用。如航空工程学、生物技术和医学物理等，所有这些都涉及到在技术概念之上对已有知识的重建和新问题等级的产生。①

伯顿·R·克拉克把美国学术专业演化到现代庞大而极端的专业化过程归纳为两种主要的增长方式，一是实质性增长（substantive growth），二是反应性增长（reactive growth）。② 其中实质性增长指的是教职的增加来源于对新学科的吸收，依赖于学者及其支持的机构产生和提供知识的方式而产生，它是通过教授推动的，但同时也受到学者所在机构和学科的背景产生的动机的鼓励和抑制。反应性增长指的是教职的增加来源于增大了的学生需求，教职的增加是随着学生的增加而增加的。这种增长方式是一种显著的现象，被普遍看作是推动扩张和重组领域的基本力量。但是美国学术系统多样化和大多数增长，尤其在19世纪后期和20世纪早期主要来自于实质性增长方式。沃尔特·P·梅茨格（Walter P. Metzger）在综合考虑了内部原因和外部原因、社会的和认识的因素基础上，采取了一个更为折中的方法对待学科的生长，认为推动实质性增长在于学科演化与生长的四种主要模式——学科分化（parturition）、专业联盟（program affiliation）、学科显贵化（dignification）和学科扩散（dispersion）。③

1. 学科分化

学科分化是指由于知识的分化而导致母体学科分化成许多相关子学科的方式。在美国，学科是通过少量殖民地学院漫长而缓慢地进行演化形成的，直到19世纪内战前夕，美国学院的学者主要教授的是少量的必修课程，如古典语言、道德哲学、数学和少量的自然科学。他们精通希腊语和拉丁语，在知识和理智方面仍然具有相关的同质性。事实上这些17、18世纪的学者大多数对数学、文学、自然科学、哲学、音乐和美术感兴趣。莱布尼茨（Leibniz）有关

① Tony Becher &Paul R. Trowler. *Academic Tribes and territories*: *Intellectual Enquiry and the Culture of Disciplines*. The Society for Research into HE &Open University Press, 2001, p. 171.

② Burton R. Clark. *The Academic Life*: *Small World*, *Different Worlds*. The Carnegie Foundation for the Advancement of Teaching. Princeton, New Jersey, 1987, p. 26.

③ Walter P. Metzger. The Academic Profession in the United states. in Burton R. Clark. , ed. *The Academic Profession*: *National*, *Disciplinary*, *and Institutional Settings*. Berkeley, Los Angeles, London: University of California Press, 1987, pp. 126 ~ 147.

微分学的成果首次出现在 1684 年的期刊 *Acta Eruditorium* 上，这本期刊还同时介绍了有关神学、考古学、语言学、哲学和解剖学的文章。① 哥白尼和牛顿所带来的科学革命使得殖民地学院在自然哲学和自然历史方面出现了大量的新鲜发现，尽管没有相关范围和权力的范式引领美国学院这场"风暴"，但与当时处于统治地位的理论相矛盾的实证分析方法进入并解构了原来学科领域的概念体系。新的学科从更为宽泛的已有学科中诞生，并通过吸取新的材料而日益发展，新的自然科学从自然哲学和自然历史学中破茧而出。1820 年化学首先从自然哲学中分离出来而取得了作为学术学科的地位，不久之后，地质学（1840 年）、天文学、物理学、生物学（1860 年）也相继出现。

19 世纪中期以后，学科分化的步伐加速。作为自然历史学年轻产物的生物学分化出遗传学和微生物学，并进而交叉培育出边缘科学——生物化学和生物物理学。在后来称之为社会科学的领域，分化发生较晚且较为混乱，分化速度较慢并且拥有较少清晰明确的结果，这一领域的母体学科是道德哲学，这是一门从 18 世纪中期到美国内战期间所有高低年级学生指定必修的学科，其主要目的是运用一套植根于人类本性和整个社会机构的伦理原则为社会提供一种道德基础，它的理智根源在于教职心理学和现实主义认识论（包括苏格兰启蒙运动和英国国教徒"谨慎的虔诚"等方面）。当道德哲学开始逐渐分化"后裔"的时候，它本身的声望并未下降，在整个内战前期，它一直操纵在最有威望的教职通常是学院校长的手中，并被认为是具有实践智慧和永恒真理的最好的学科。政治经济学和政治科学都是在道德哲学的胚胎中孕育而逐渐分化的，通过引入古典经济学家和制宪元勋的著作，到 19 世纪 60 年代政治经济学在有些机构中开始作为一门单独的学科浮现，但仍然同母体学科保持着密切联系。政治经济学后被改名为经济学，并花费了十年时间从中产生出一门新的学科——社会学。19 世纪 70 年代，政治科学也从其母体道德哲学中分化而获得独立的学科地位。这些学术社会科学的出现是受到像达尔文和斯宾塞著作中有关新知识灌输的影响所驱动的，其有关事实发现和选择性观点的内容与传统的通识性学科有着本质的不同。②

① Donald J. Albers, and G. L. Alexanderson (eds.). *Mathematical People：Profiles and Interviews*. Boston：Birkhauser, 1985, p. 7.

② Burton R. Clark. *The Academic Life：Small World, Different Worlds*. The Carnegie Foundation for the Advancement of Teaching. Princeton, New Jersey, 1987, p. 28.

这些新的学科领域如果按 20 世纪的标准来衡量就显得相当狭小，当时一个学科的形成可能只有几本书和几个教授。斯坦利·M·格诺尼克（Stanley M. Guralnick）通过对内战前 15 所学院的学生笔记本、教职报告、学院出版物以及教科书的详细研究后发现，"1800 年美国学院课程中全部数学和科学教学仅仅只有两本书且质量令人怀疑，1825 年不少于 4 本，到 1850 年至少有 10 本。1800 年每所学院从事科学学科教学的教授只有 1 个，1830 年一般有 2 个，到 1860 年达到了 4 个，有时这些教授占了个别学院教职的一半多。从 1828 年到 1860 年科学教授的总数增加了 10 倍……"① 显然，内战前的这种学科演变在美国现代大学的出现之前为其科学领域奠定了较好的学术基础。它改变了古典教育的含义，赋予其新的内涵，使"古典"与包括科学教育在内的"文科领域"（liberal arts fields）同义。②

　　2. 专业联盟

　　专业联盟是指学科通过其专业的联系达到学科增长和发展目的的方式。到 1860 年，在仅仅授予学士学位的美国学院中有 1/5 的学院开始不仅提供大学文科教育，而且还出现了一种"学院附加"（college-plus）的发展趋势，这些提供通识教育的学院发展了各种培养医学、法律和神学等专职人员的专业训练教学计划，为这些专职人员提供专业训练见习期。这些学院就其属性而言是苏格兰式的，即一所或多所专业学院同一所普通教育的学院保持一种松散联系，同时各自都有权授予一级学位。可见，这些学院实质上成为了能够授予一级学位的专业学院。它们除了在自身权限内增加许多新的学科以外，还在一段时间内成为了新学科孕育和发展的苗床。如化学的诞生早期是通过其训练医师的角色而得以促进的，这种通过专业联盟而产生新的学科的过程，既可以加速学科分化的步伐，又可以很快超越一些学术专业的边界而延伸到许多准专业和将要形成的专业领域。如在医学发展之后，牙医学、药剂学、兽医学以及护理专业受其影响而相继产生。社会工作、新闻业、教育以及工程学的各种亚领域也成为了学术大家庭中的一员，有的甚至成了学术领域中地位等级较低的"次要

　　①　Stanley M. Guralnick. *Science and the Ante-Bellum College*. Philadelphia：American Philosophical Society，1975，p. 9.

　　②　同上书第 157 页。

专业"（minor professions）。①

美国的学术专业是在 19 世纪 80 年代和 90 年代形成的，专业联盟成为美国高等教育长期适应性发展的核心。罗伯特·H·威贝（Robert H. Wiebe）对美国学术专业的发展作了较有价值地分析，他强调了美国大学在追求专业独立方面智力开放的核心贡献，"考虑到大学应付挫折的潜力，高等教育必须自由地甚至无差别地欢迎每一个新群体是极其重要的。"随着 19 世纪 70 年代现代研究生教育的出现，大学成为了"专业自我意识的前哨"。甚至在有些情况下"为年轻人提供了前所未有的新专业"。到 1900 年大学"取得了毫无疑问的合法性权力，担当进行哲学探究和宣传的中心，向初学者灌输适当的价值和目标。"②

3. 学科显贵化

学科显贵化是指学科通过对其原初卑微声誉的超越而转化成为足以获得学科准入资格的过程。学科通过分化和联盟的相互影响，导致声誉较差的学科被阻止在学术界之外而未能进入大学或学院的课程之中，但学科显贵化过程可以改变这一现象。现代语言学是一个经典的案例，在少数古老的 17 世纪美国学院中，学院课程维护者都有一种强烈的语言恋尸癖，坚持认为死去的语言是唯一良好的学术语言。这导致直到 18 世纪上半期英语才被看作是教学的媒介和纯文学的源泉，18 世纪下半期法语也逐渐显贵化。直到 1819 年，美国哈佛大学任命曾留学德国的先锋派学者乔治·蒂克纳（George Ticknor）为第一个现代语言学教授后，才使教授学生外语获得合法地位。1826 年鲍登学院（Bowdoin College）以必须追随乔治·蒂克纳的做法为前提条件将类似的教授职位授予年轻诗人亨利·沃兹沃思·朗费罗（Henry Wadsworth Longfellow），从而确立了多语种课程是值得尊敬的理念。从那时以后，罗马语和日耳曼语等日益走进学院的课程表。德语成为那些准备前往德国大学学习先进教学和研究经验的人最受欢迎的语言。技术学也有着与现代语言学类似的境遇，长期以来，不论在美国还是在其他国家，技术学一直被认为过于实用和卑俗而难以进入学术课程且不值得称其为学科。直到 19 世纪 40 年代晚期，应用科学和工程学才开始

① Burton R. Clark. *The Academic Life*：*Small World*，*Different Worlds*. The Carnegie Foundation for the Advancement of Teaching. Princeton，New Jersey，1987，pp. 28～29.

② Robert H. Wiebe. *The Search for Order*，1877～1920. New York：Hill and Wang，1967，p. 121.

出现在美国一些私立学院和州立大学的通识课程之中。一般而言，这些缺少高贵血统的科目要想成为学院的学科从而实现显贵化的过程，必须拥有一位可敬的首要资助人、良好素质的从业者或者一种相对合适的学术生态环境。①

通过学科的显贵化过程，美国教授职位和高等教育在 19 世纪 80 年代以后发生了实质性地快速增长。"不但热心于成为专业的技术追求很容易地获得了专业的地位，而且就连厨艺诀窍、田径运动、军事列队、音乐工作、美术工作以及商业买卖等地位低微而不为人注意的技能也上升到了学术领域的高度。"②因此，音乐、体育和军事科学等学科出现。到 20 世纪初，实际上任何科目都成了学术合法性的候选人。"如果'男孩'准备为农场和工厂接受职业训练，那么一些'女孩'也将有机会在'家政科学'或'家庭经济学'领域获得学士学位——这些文凭象征着家政技能方面严肃的学院水平的训练。"③

4. 学科扩散

学科扩散是指学科在发展过程中不断扩大其原初边界而得以发展的一种方式。历史学是学科扩散的一个典型，在早期美国的学院中，历史学总是一开始作为古典学科（如希腊和罗马古迹）和神学（如宗教教会史）的补充而被教授的，因此在时间上仅仅局限于古罗马崩溃之前，在材料上仅限于圣经和祭祀的资料。从 19 世纪 80 年代开始，历史学拓展了范围边界，首先把其研究和教学延伸至包括美国在内的现代西方社会，然后还涉足了东方文化，到 20 世纪初，历史学已经涵盖了所有时间范围内的整个世界。人类学也是通过类似的学科扩散而成为重要的学科领域的，它逐渐将其学科领域从史前人类延伸到各个时代的人类活动、从单纯的人种学研究发展到人类研究。经济学中的经济行为无所不在，经济学研究也逐渐包括了从私立部门到公共和非赢利部门、从商业公司到大学和博物馆的行为。社会学作为一个学科领域是在 20 世纪进行缓慢扩散的，它的研究可以覆盖社会的任何方面，如电影业、体育运动、犯罪、宗教以及阶级、种族和权力等。每一门社会科学都可以用某种"观点"的形式

---

① Walter P. Metzger. The Academic Profession in the United states. in Burton R. Clark. , ed. *The Academic Profession: National, Disciplinary, and Institutional Settings.* Berkeley, Los Angeles, London: University of California Press, 1987, p. 129.

② 同上书第 130 页。

③ Burton R. Clark. *The Academic Life: Small World, Different Worlds.* The Carnegie Foundation for the Advancement of Teaching. Princeton, New Jersey, 1987, p. 30.

随意跨越到其他学科领域。①

总之，学科通过学科分化、专业联盟、学科显贵化和学科扩散等四种演化与生长模式使学科实现了有效的分化和发展。在美国，以南北内战为界，战前与战后的学科发展在规模、速度、质量和效益等诸多方面都发生了较大的变化并形成了鲜明的对比。尤其在 19 世纪 80 年代之后，各种新兴学科的学术化进程显著加速，并且在不同的学科领域表现不同。

在学科分化方面，一度发展缓慢的社会科学分娩速度加快，政治经济学花费了整整 80 年时间才从其母体学科道德哲学中分化出来，但经济学却仅仅用了不过 10 年的时间就成功地孕育并分化出社会学。自然科学的"妊娠期"明显要短，如生物学这一年轻学科分化出遗传学和微生物学，并进而交叉孕育了生物化学和生物物理学，它们之间都只花费了近 12 年的时间。

在专业联盟方面，开始都严格限定在医学、法学和神学等高级专业之内，后来延伸到大量准专业和将要形成的专业领域之中，如牙医学、药剂学、兽医学以及护理专业以及社会工作、新闻业、教育学、会计学、财政学以及工程学的各种亚领域。

在学科显贵化方面，开始也只是极个别学科的地位提升而缓慢显贵化，但现在似乎已经涉及众多领域，就连厨艺诀窍、田径运动、军事列队、音乐工作、美术工作以及商业买卖等地位低微的技能也进入学术领域而成为学科。

在学科扩散方面更是明显，到 19 世纪末 20 世纪初，历史学和人类学已经拥有相当宽泛的时间和地域的研究视阈，这样使得在一国大学报名注册的学生实际上就能够很清楚地了解整个世界。

可见，自 19 世纪 80 年代以来，新兴学科不断加速地实现学术化提升，直接推动了学院和大学学科的多样化。然而，这种多样化的形成也不是一帆风顺的，在古老的学院中，由于学院结构的顽固和僵化，有的新兴学科虽然得到某种承认，但未能获得完全的学科地位，是一种勉强的接受。因为原来学院的学科都已经被塞满指定的内容且并不情愿扩张，新的学科的进入对已有学科的生存空间无疑产生一种威胁，因此，新兴学科必须克服这种阻力才能获得平等的

---

① Burton R. Clark. *The Academic Life*: *Small World*, *Different Worlds*. The Carnegie Foundation for the Advancement of Teaching. Princeton, New Jersey, 1987, pp. 30 ~ 31.

生存环境，这与学科的出身密切相关。一般而言，出身高贵的学科在往后的身份和资格准入的竞争中处境较好。而出身较底层的学科，如工程学或现代语，却经常遭遇各种不公而处于不利地位，主要表现在仪器设备的歧视性对待、不方便的课时安排、减量的资助以及教职地位的低微等等。沃尔特·P·梅茨格把这种现象称之为"边缘性多样化"（marginal diversification）。① 直到 19 世纪末这种对待新学科的"边缘性多样化"问题虽然明显弱化，但并未完全消失。尽管主张"所有知识生而平等"的口号赢得了不少的追随者，但是无法保证学科间地位的平等和消除歧视性对待现象。但是对"边缘性多样化"的结构性支撑因素如僵硬的时间安排、大量的必修课程、仪器设备的歧视性对待等确实有了根本性改观。我们可以从两个现象中看出这一点，首先，新兴学科在学士学位和一级专业学位的授予比例上不断上升。在 1906 年到 1910 年四年间，这些学位（占所有学位的 95%）中仅仅 1/4 授予人文学科和艺术学科，其余学位授予了自然科学和社会科学、保健、法律、商业、家庭经济学、农业和工程学等领域。② 另外，我们也可以从大量新的学科目录文本格式中发现以前那种古老的傲慢与偏见的退却。大学和学院的学科目录逐渐增厚，学科之间的平等性通过科目的字母序列和课程的数字排序而得以形式上的提升。在那些每年公布的学科目录中，用数字标示的各种课程都按字母顺序排列在各个系科之下，这就意味着所有的课程都具有符合标准的平等价值。

（二）学科演化与生长的成因

对学科演化与生长模式所带来的学科多样化现象的解释，许多人认为人类知识的爆炸是其主要的原因，正如身为历史学家的美国一学院校长查尔斯·W·思温（Charles W. Thwing）所说："随着知识的增长，学科本身也随之增长。知识领域的每一次扩大都最终导致了学术领域的扩大。"③ 专门研究课程问题的威廉·T·福斯特（William T. Foster）认为美国学院的历史就是"在保守思想影响下的各种势力的印记，这种保守思想是通过人类知识的增长和日益

① Walter P. Metzger. The Academic Profession in the United states. in Burton R. Clark. , ed. *The Academic Profession: National, Disciplinary, and Institutional Settings*. Berkeley, Los Angeles, London: University of California Press, 1987, p. 132.

② Seymour Harris. *A Statistical Portrait of Higher Education*. Carnegie Commission on Higher Education. New York: McGraw-Hill, 1972, p. 318.

③ Charles W. Thwing. *A History of Higher Education in America*. New York: D. Appleton, 1906, p. 300.

复杂的文明要求吸收大量新学科所推动的。"① 这种知识爆炸的解释学说具有一种强烈经验主义的和逻辑的倾向，现有的知识通过一些明显指标加以表证，如学术期刊成立的数目、科学论文发表的数量、专利诞生的数目等在内战后发生了跳跃式增长。这种解释的意义主要有两个方面：一是作为一种同义反复，意味着没有明显存在的知识不可能学术化；二是作为一种可能性的论断，意味着只要有更多知识的存在就有可能被学术化。然而把它作为一把解释的万能钥匙是不可取的，也是不成功的。那种认为学科需要等待新知识出现而带来"意外收获"的乐天派观点与许多学科研究建立在微弱而不稳定的知识基础之上的事例是相矛盾的。例如美国赠地学院创建的时候，园艺科学正处于停止状态，也正处于19世纪四五十年代化学研究即将来临和19世纪八九十年代遗传学和生物学有重大突破之间的萧条期。②

学科多样化的演化与生长过程并非都把新知识的发现作为其动力，在学科演化的主要模式中，学科分化确实是以新知识的注入而繁荣起来的，达尔文和斯宾塞的著作无疑加速了学术社会科学的出现。而专业联盟就不同，它不要求有这种新知识，当多种新专业开始组建学术学科的时候是依靠一种贫乏的或借来的知识而形成的。学科显贵化更多的是依赖于各种熟练的技术和艺术才能而非学术进步或新的科学真理。我们也不能简单地认为一个知识领域的存在仅仅是为了被吸收为新的学科。战争艺术的突然发明导致了军事科学的诞生；商业课程的增加是因为美国人最终懂得了如何贸易。在镀金年代，知识和学院的关系不是一种大量给予和消极接受的关系，它一方面涉及到日益增多的知识提供，另一方面又涉及到接受和拒绝这种给予的变化政策。

沃尔特·P·梅茨格对美国学科多样化的演化过程做了精辟地解释，强调了教授职位和知识形态等方面的各种变化，他把这些变化归纳为三个方面：教职训练的世俗化、学术研究的体制化和学术专业的组织化。这对于我们理解学科演化与生长的成因有着重要的参考价值。

1. 教职训练的世俗化

传统上，美国早期学院的创建都是出于宗教期望，其目的大多是培养牧师

① William T. Foster. *Administration of the College Curriculum*. Boston：Houghton Mifflin，1911，p. 21.

② Margaret W. Rossiter. *Emergence of Agricultural Science：Julius Liebig and the Americans*，1840～1880. New Haven：Yale University Press，1975，p. 2.

和服务于宗教，约翰·埃利奥特曾对此大声疾呼："如果我们不发展教育，无论教堂还是社会都将衰落下去。"① 美国传统的教职训练大多在宗教机构进行，即使到 19 世纪 70 年代后期，美国的一、二代学院中仍然有 1/4 的全职教职拥有神学学士学位并得到牧师授职或获得从事牧师职业的许可证。因此，教职训练具有明显的宗教神圣色彩。但是到 19 世纪末，这种情况发生改变，大量新的学术职位通过世俗机构的训练而产生。其来源和途径主要包括三个方面：

①许多美国学者留学欧洲特别是德国大学接受了非宗教课程的先进教育；

②创建研究生院，开展研究生教育，规范学位体系。"教师区别于早期学院教授的特定标志就是哲学博士学位，这个博士学位是学术尊严的象征和专业能力的标志，是一定标准化训练和学历的保证，并且深受德国式科学生活理念、规范和习性的影响。"② 这种注重研究、重视科学的研究生教育加速了教职训练的世俗化步伐；

③美国的职业学院也为不断拓展的职业需求培养教师和其他从业者。

现在，美国的有些学院虽然还保持着一些宗教仪式，但是都在竭力与它们过去的宗教残余划清界限。同时，多年来作为牧师有俸职位的学院院长也开始落入外行人之手。这种趋势开始于 1869 年的哈佛大学，到 1902 年的普林斯顿大学达到了高潮。③

教职训练的世俗化使神学不再独享统治地位，古典学科在课程安排中也迅速消失。可以说，教职训练的世俗化加速了现代学科的形成和发展，为学科的多样化作了人员上的准备。

2. 学术研究的体制化

从美国第一所学院建立开始，美国教授最为重要的职责就是教学。这样教授与教授之间、机构与机构之间没有多大的差别。直到 1869 年，艾略特就任哈佛大学校长时还宣称"美国教授的主要职责必须是合格而勤勉的课堂教学。"但是在其 30 年后即将退休的前夕，他郑重宣称"大学教授的任职和晋

① ［美］欧内斯特·L·博耶：《关于美国教育改革的演讲》，教育科学出版社 2002 年版，第 82 页。

② Frederick Rudolph. The American College and University: a history, New York: A Division of Random House, 1962, pp. 395～396.

③ Walter P. Metzger. The Academic Profession in the United states. in Burton R. Clark., ed. *The Academic Profession: National, Disciplinary, and Institutional Settings*. Berkeley, Los Angeles, London: University of California Press, 1987, p. 135.

升应该取决于他们'出色的研究成就'和'高超的教学才能'。"① 艾略特这种思想的变化集中反映在美国研究型大学的创立之中。以 1876 年约翰·霍布金斯大学成立为标志，到 1910 年 24 所公私立大学组成的美国大学联合会（AAU）成为研究型大学的典型代表。"到 1900 年，美国开设研究生课程的学校已经达到 150 所，其中 1/3 的学校开设了博士课程。1876 年美国 25 个机构授予了 44 个博士学位，1890 年美国大学共授予 164 个哲学博士学位，10 年后翻了一番，1918 年更达到了 562 个，美国研究生院已能够培养足够的哲学博士满足国内大部分的需求。"② 研究型大学在现代科学技术设备、德国学术探究精神的传播以及国家学术精英的汇集等方面都胜过其他社会机构，使之很快成为美国高等教育最引人注目的部分，美国研究生教育逐步实现了正规化和制度化，学术研究走向体制化。

学术研究的体制化使美国学术生活由仅仅重视教学的传统模式向重视教学和科研的模式转变，教授概念的应然内涵发生了转变：他担负了作为专家的新型身份，并且深知作为学者应该发展和传播知识的内在职责。而知识的发展和传播为学科的发展并走向多样化提供了理智源泉。

3. 学术专业的组织化

随着学科的发展，从 1870 年至 1900 年间，学术课程中几乎每一门科目都被纳入一个新型的或刷新的外部组织——具有全国性成员身份并在特定知识领域中实现了专门化的学科协会，同时也被纳入到一个新的或被改良的内部组织——一个承担大部分学术管理工作的教学系。

在学科协会方面，1800 年代以前美国仅仅只有 2 个学科性协会，即 1743 年成立的美国哲学协会和 1780 年成立的美国艺术和科学协会。1800～1880 年间仅增加了 10 个协会，但到 19 世纪最后 20 年间开始剧增，以现代学科为基础的学科协会达到了 27 个。到 20 世纪后，学科协会继续稳步增长，1900～1919 年成立了 43 个学科协会，在接下来的 20 年达到了 58 个，1940～1959 年

① Walter P. Metzger. The Academic Profession in the United states. in Burton R. Clark. , ed. *The Academic Profession*：*National，Disciplinary，and Institutional Settings*. Berkeley，Los Angeles，London：University of California Press，1987，p. 135.

② 贺国庆：《德国和美国大学发达史》，人民教育出版社 1998 年版，第 150 页。

达到了 77 个，到 1985 年时，学科协会的数目已经上升到 150 个。① 有的学科协会规模很大，如成立于 1876 年的美国化学协会通过一个世纪的演变已经发展成为一个横跨学术界和工业界的复杂的组织，拥有 125，000 位成员，全部专业管理人员达到 1600 人，学科协会的专业期刊不少于 12 种，协会财政经费超过了 1 亿美元，每年要召开地方性、地区性、部门性及其他性质的海外会议1700 次左右。②

学科协会的出现和发展，"为研究的开展、传播乃至对研究的批评提供了多样化的媒介；给那些被同行认定为高层次的成功者提供奖励或经选举获得一定职务等报偿；在日益客观的人才市场中为促进求职者和供职者之间的匹配扮演非正式的聘用代理机构；成为某一特定学科领域中有时会因思想冲突而分裂但又强烈地拥有一定共同意识的合作型竞争者的社团组织。"③

院校内部组织的教学系能够有助于促进教师在某个学科中的学术发展，它成为控制学术任命的手段，并使得这些原有董事会掌握现已转至校长掌握的权力最终转移到不同学科的教师手中（在重点大学中尤其如此），它为美国学者服务于双重主人（大学和学科）的信仰提供了组织性的支撑，即他们不仅是某大学的教师，而且也是某学科的成员——这种双重忠诚标志着现代形式的学术专业的兴起。

通过大学内外部两个层次上的组织进化，学术专业走向组织化，而学术专业的组织化为学科多样化发展提供了良好的组织基础。

总之，教职训练的世俗化、学术研究的体制化和学术专业的组织化为大学学科多样化的发展提供了人员准备、理智源泉和组织基础，是对美国大学学科多样化成因的较好的注解。但不可否认的是，美国社会的政治、经济以及文化等方面都对大学学科的多样化发展有一定的影响，因为大学毕竟只是社会系统中的一个子系统而已。

---

① Burton R. Clark. *The Academic Life*：*Small World*，*Different Worlds*. The Carnegie Foundation for the Advancement of Teaching. Princeton，New Jersey，1987，p. 36.

② 同上书第 238 页。

③ Walter P. Metzger. The Academic Profession in the United states. in Burton R. Clark.，ed. *The Academic Profession*：*National*，*Disciplinary*，*and Institutional Settings*. Berkeley，Los Angeles，London：University of California Press，1987，p. 136.

第四章

大学学科文化的主体——学者

关于学者的定义不同的人有不同的理解，曹聚仁认为："学者是青年们的慈母，慈母是兼有饲育和扶持两种责任的。第一，他运用精利的工具，辟出新境域给人们享受；第二，他站在前面指引途径，使人们随着在轨道上走。"邓实在《国学讲习记》中说："学也者，学其一国之学以为国用，而自治其一国者也。"① 对学者问题颇有研究的郑晓沧先生认为，学者相当于德国的"research scholar"（专门研究工作者）。他说："兹姑以一般 scholar 为言，其在中国，今日通称为'学者'，求之旧籍，依个人意，相当于'士'。"且"士""以其主持风化，作社会之表率言，其行为、事功，影响于社会者亦至巨。今吾人姑且置伦理的意义而不论，则'士'之解释，为'推十合一'，即能以演绎与归纳整理思想。""凡具有此种修养者，始可谓之'士'或'学者'。然中国向重人本主义，故向来'士'之涵义，除学识外，亦必注重其人格修养。"②

王恩华博士则把学者分为理想型与现实型。理想的或者说真正的学者是知识分子的中坚，是从事知识与思想的创造性探索而不是简单传播与应用的人，他们主要不是实践活动中的操作性人员，而是活动于思想观念领域的探索者与创造者，他们不仅关心学术与思想前沿，亦关心国事民瘼，富有人间情怀。那些不从事创造性学术工作的人不是学者；那些完全超乎世俗的、象牙塔里的思想家以及极为孤立并献身于深奥、甚至可能是玄奥问题的人也不是真正意义上的学者。现实的学者系指认识主体、研究主体，即《辞海》里讲的"做学问的人"（the academic man）。并进而认为并非所有的大学教师都是学者，只有

---

① 章太炎：《国学概论》，上海古籍出版社1997年版，第1~7页。
② 杨东平：《大学精神》，辽海出版社1999年版，第58页。

那些从事创造性工作的大学教师才是大学学者，创造性是大学学者的根本特性。①

本书所称的"学者"，特指经过系统学习、掌握有关学科知识、技术和方法，具有一定的学术精神、价值观念和行为准则的学术专业人员。

把学者看作学科文化的主体，是基于文化是人在劳动或实践中创造的，它是人的本质力量的外化、体现和证明，任何文化实践和创造活动都是人的活动，文化的发展规律就是人的活动的发展规律。同样，作为社会文化中亚文化的学科文化也是人创造的，而学科文化的特殊性决定了创造这一文化的主体不是一般意义上的人，而是学者，学者是形成学科文化的主体。

现主要从学者的学术生涯、学者社团中的性别差异以及学者学术声望的认可与评价等方面进行探究。

一、学者的学术生涯

"生涯"一词意为从事某种活动或职业的生活。那么学者的学术生涯就是指学者从事学术活动或以学术为业的一种生活方式。学术活动涉及知识的传递和创造，学术事业是易受一系列因素影响的复杂事业。探究学者学术生涯的维度和方法很多，现主要从学者学术生涯的选择、学术生涯的中期危机以及不同学科领域中学者年龄与成就的关系等三个方面研究其不同的学科文化。

（一）学者学术生涯的选择

学者的学术生涯是通过学科分割和专业调整的，在形成学术生涯方面学科具有强制性，一个人何时认同一门学科并希望成为其中的从业者通常没有精确的时间界限。托尼·比彻认为，一个人在其本科阶段就有可能开始初步了解某些学科的特征，明智的学生能够较完全地意识到学科的内容和边界，理解力强的学生开始识别学科的专业语言以及特有的理智风格等。而那些既明智又理解力强且有志于获得专业身份的学生甚至能够开始识别学科内的关系模式及其民俗。②

① 王恩华：《大学学者的使命与学术责任》，《高等教育研究》2005 年第 1 期，第 14 页。

② Tony Becher. The Disciplinary Shaping of the Profession, in B. R. Clark （ed.）The Academic Profession：National, Disciplinary, and Institutional Settings. Berkeley, Los Angeles, London：university of California Press, 1987, pp. 281～282.

一般来说，在大多数纯学科领域中的学者必须获得博士学位，尽管学科新成员的入职模式在硬纯学科和软纯学科领域有着广泛的相似性，但是学术事业开始的真正模式在各知识领域间变化明显，以致于一个学者的事业最初阶段存在着明显的学科差异。

在硬纯学科领域中，学者可能会选择他们所希望的系科和研究导师去工作。在一定程度上他们就像企业的雇员一样，必须有规律地出勤和合理习惯地作息。他们的研究内容是由导师规定的，一般是导师和其他研究者正在从事的研究领域。特别是在实验领域，他们和导师的参与关系非常紧密，产生的中期成果常常是和导师联合署名进行发表。

在软纯学科领域中，学者能够选择的不仅是他们的系科和导师，而且还有他们研究的主题内容。他们完全不是被看作为雇员，而是经营者或独立存在的个体。他们的时间分配由自己控制，不必遵守任何有关出勤方面的硬性规定。与研究导师的联系通常是基于问题的相互协商而进行松散的联系，论文的发表通常是以他们自己的署名。

造成以上这种差异的原因主要在于知识特征的变化，在硬纯学科领域问题容易被分化，主要问题能够再分成较小的部分而分别解决。紧密联系的团队成员可以采取合作的方法先解决其中的一些问题从而导致整个问题的解决。学科新成员可以被分配去完成一些适当难度的任务，并乐意接受团队中学术领袖的权威。然而在软纯学科领域，知识是整体性的且问题是宽泛界定而不易再分。学者间缺乏合作研究的动机，因为对问题的解释是一种必要的单独活动，每个学者必须对研究问题的证据进行自我重新评估。因此，学者是在一种松散的牵制中工作，他们没有严格界定的归属群体，其研究导师所起的作用是批判性的评论员而不是研究的主管。①

但在那些以应用、职业定向的学科领域情况大不一样，如在药剂学和法律领域，至少要求在这些领域中有最低限度的实践经验才能获得职业资格，实践技能的价值被看作高于理论知识的价值，而且大多数有抱负的学者在高等教育机构谋职之前会把"作为受雇的专业人员"资格和经历看作是保证自己职业

① Tony Becher. The Disciplinary Shaping of the Profession, in B. R. Clark （ed.） *The Academic Profession: National, Disciplinary, and Institutional Settings.* Berkeley, Los Angeles, London: university of California Press, 1987, pp. 282～283.

安全的一种选择。新成员的招聘也倾向于那些拥有一定工作经验的人，并且在受聘一定的学术岗位以后也通常攻读更高的学位。在工程学领域，尽管结果相似但动机不同。对于工程学博士毕业生来说，工业界的高薪更有吸引力，因此，他们很少愿意呆在大学，从而导致工程学领域招聘到的学者不少来源于那些正在从事实际业务而对学术生活感兴趣的工程师。①

影响学者学术生涯选择的因素很多，如个体的偏爱、学科的背景和机构的要求等。伯顿·R·克拉克认为有些学者对学术兴趣有时来自于其早期对科学和学识的想象和热爱。他通过伯克利加利福尼亚大学的一位物理学家马勒（Richard A. Muller）的成长事例对此作了明确的阐述。马勒很小的时候就对恐龙特别好奇，读所有有关恐龙的书、看有关恐龙电影并制造恐龙模型参加科学展览，继而对望远镜和显微镜产生兴趣。当他上中学的时候就立志于当一名物理学家。后来在很短的时间内他就成了"物理世界中心"（伯克利物理系和附近有关的实验室）的积极参与者。②

学者对学科领域的选择也受到诸如个性和环境等许多因素的影响。而个性与其学习风格之间有着密切的关系，沃尔夫（Wolfe）等人通过对大量学生的学习风格进行实证调查后发现，本科生教育是一个人学习风格形成和发展的主要因素，当个人选择的学科领域与其学习风格一致时，他们一旦进入这一学科领域就会进一步养成适应其领域的学习风格；而当个人学习风格和学科领域不一致时，他们将要么改变其个人的学习风格，要么离开这个学科领域。休帕（Huber）等人认为学者的出身和个性对其学科的早期选择有着重要的影响。生物学家和历史学家把自己的学科看作是"孤独者的学科"（a discipline for loners），人类学的田野研究除了要求学者具备必要的理论知识和技术训练以外，还需要学者具备田野研究所要求的性格和气质。③

学者在确立学术方向时，可能会面临诸多选择。但这种选择不可能是完全开放的，主要在于其偏爱的取舍。如喜欢定性的历史学家可能会选择自由地从

---

① Tony Becher &Paul R. Trowler. *Academic Tribes and territories*: *Intellectual Enquiry and the Culture of Disciplines*. The Society for Research into HE &Open University Press, 2001, p. 134.

② Burton R. Clark. *The Academic Life*: *Small Worlds*, *Different Worlds*. Princeton NJ: The Carnegie Foundation for the Advancement of Teaching. 1987, pp. 190 ~ 191.

③ Tony Becher &Paul R. Trowler. *Academic Tribes and territories*: *Intellectual Enquiry and the Culture of Disciplines*. The Society for Research into HE &Open University Press, 2001, pp. 132 ~ 133.

事经济或人口学历史的研究；现代语言学家可能会在受哲学严格限制的领域和解释性批判的开放领域之间作出选择；经济学家可能信奉纯理论数学的严密或劳动力市场不易控制的复杂性；机械工程师面临的选择是设计中创造的不确定性和流体力学中研究数据的精确性；生物学家可能在狭窄的分类学或微生物学领域和宽泛而不可预测的特种物种或栖息地等研究领域之间作出选择；物理学家可能会通过选择比较乡村研究风格的领域如气象学等来逃避城市研究风格领域的要求。① 伯顿·R·克拉克则认为学术专业中学者的个人背景和先前经验对其随后的态度和行为的影响相对较小，当年轻学者忠诚于一门学科和一种机构时，来自于其社会阶层背景的各种信仰和身份也就逐渐消失。② 最近有关学习风格和个人身份的研究更倾向于伯顿·R·克拉克的观点，认为当前的环境和背景更为重要，身份被看作是一种投映而不是本质。③

笔者认为，学者对学术生涯的选择是学者个人背景和已有经验、个性和环境（学科的和机构的）等多种因素合力影响的结果。一般而言，在一个学者学术事业的早期，大多数关注的是确立学术方向、建立学术声誉和提高教学技巧以获得任用和升职。为了获得早期良好的学术声誉，学者除了履行必要的教学责任之外，还必须做到合理时间内在一定研究领域中产生重大的成果。这种研究活动的选择是学者在其事业最初阶段必须面对的策略性选择。

（二）学术生涯的中期危机

学者对最初研究的专门学科领域作出选择后并非就一成不变，也会出现学者变更其专门学科的情况以及在学科内进行特定研究课题的选择问题。这就涉及到学者学术生活中期危机问题，主要包括一个学者是否在同一个学科领域中继续工作、是否转向另一个学科以及是否开始远离了积极的研究活动？

马尔凯（Mulkay）认为大多数科学学科中经常出现智力迁移现象，科学家一般在一个以上的专业领域中工作并且常常更换专业。怀特利根据美国国家科学研究院（The US National Academy of Sciences）1972 年的调查报告认为，

① Tony Becher &Paul R. Trowler. *Academic Tribes and territories*：*Intellectual Enquiry and the Culture of Disciplines*. The Society for Research into HE &Open University Press，2001，pp. 138~139.

② Burton R. Clark. *The Academic Life*：*Small Worlds*，*Different Worlds*. Princeton NJ：The Carnegie Foundation for the Advancement of Teaching. 1987，p. 107.

③ Mary Henkel，*Academic Identities and Policy Change in Higher Education*. London：Jessica Kingsley. 2000，p. 114.

在 1968 ~ 1970 年间三分之一拥有博士学位的物理学家确实在亚学科领域间进行了大范围的"迁移"并改变了他们的主要研究兴趣。同样的情况也发生在学科间，大量的物理学家转向化学和工程学；化学家迁移到生物学领域，其中有的还成为了药剂师；生物学家占据了实验心理学的位置；人类学家进入历史系，其中有的成为了考古学家；历史学家转变成了社会学家；经济学家改变其对经济学的忠诚而进入政治学领域。① 这就意味着学者中存在多重智力身份的现象，学科间的这种学术上的迁移现象可以用认识论中的"连续性"或"非连续性"加以说明。托尼·比彻通过对大约 120 个学者的小规模取样进行研究发现，其中有 10 人左右在学术生涯中改变了原来的学科和专业，并存在着一种相当普遍的迁移模式就是从定量化、累积性学科知识领域向非定量化、非累积性学科知识领域的转移，而相反方向的转移现象和在同类知识领域间的转移现象都比较少见。在一门学科中从一个领域到另一个领域的迁移或者对某一特定领域的初步选择都会出现一些有兴趣的研究问题。因为大多数学科似乎都存在一个从普遍性到特殊性以及从硬知识到软知识的范围，因此大多数学者从原则上说都能够找到一个适合自己个性的位置。②

如果把学者作为一个整体看待，自 20 世纪 90 年代中期以来，学者在不改变其研究专业的基础上走向管理角色，学者的学术身份已经在原来的研究身份和教学身份基础上出现了一种新的学术身份——学术经理人（academic manager）。③ 正如詹姆斯·杜德斯达特（James J. Duderstadt）所说："教授们开始更多地忙于各种校内外事务。有的人卷入了运用自己的智力能力打造其学术领域的深层次的竞赛之中；有的人担任了指导教师或政府及工业界的顾问；有的人成为了在教职治理中代表其同事利益的校园政治家；还有的则从事行政工作，如担任系主任、院长甚至校长。但尽管大学教授在各种领域和职业中扮演着截然不同的角色，然而在政策和直觉上存在的一种趋向就是把所有的教授都看作

① Tony Becher &Paul R. Trowler. *Academic Tribes and territories*：*Intellectual Enquiry and the Culture of Disciplines*. The Society for Research into HE &Open University Press，2001，pp. 142 ~ 143.

② Tony Becher. The Cultural View, in B. R. Clark （ed.） *Perspectives on Higher Education*：*Eight Disciplinary and Comparative Views*. Berkeley，Los Angeles，London：university of California Press，1984，pp. 193 ~ 194.

③ Mary Henkel. *Academic Identities and Policy Change in Higher Education*. London：Jessica Kingsley. 2000，p. 235.

好像是历史学或经济学的助理教授。"①

一般认为，学者学术生活的中期危机普遍出现在其 30 岁晚期或 40 岁早期，至少植物学家和动物学家如此。一般把它归因于不断增加的管理负担使他们花费了大量本应该用于实证研究的时间和精力。② 卡皮亚克（Karpiak）通过对加拿大学者学术中期生活的研究表明，其中许多学者在 50 岁时接受了再次召唤——出任管理或教学工作，这给了他们一种有益的新生活。然而，有的学者认为这种情况与学术事业的认识论维度更为相关，智力活动的终止期更多的是与研究课题或实验技术有关，而与人的资历及其思维方法的成熟度关系不大。③ 这种由年长的学者充当监督人角色的现象在硬纯学科领域比其他领域更为普遍，因为在硬纯领域放弃积极的研究生涯而从事大量管理工作的现象相当典型，有些学者一旦在系科或机构层次担任管理工作就决定离开学术生活。

（三）不同学科领域中学者的年龄与成就

一个学者的学术事业阶段与研究能力同其所在学科领域和年龄有着一定的关系。一般而言，在纯数学领域，学者绩效的高峰期出现在其 20～30 岁，但年长的数学家对此表示怀疑，他们认为这门学科需要良好的智力和长期反思的能力；在物理学领域，特别是理论物理学与数学相似，尽管在许多实验领域经验可以弥补年龄，但仍然被认为是年轻人的研究领域；然而在工程学方面，大多数人认为经验的作用巨大。因此存在着一些非常积极的年长的学者，他们一直到 50 多岁还很多产。在软纯和软应用学科领域，不存在研究能力上明显的早期高峰，年龄的增长意味着专门知识的相应增加。比如现代语言学家，他们工作最出色的年龄大概在 45 岁以后，这种"晚期的兴旺"部分原因在于他们阅读量的丰富，同时与他们感情的成熟和洞察力的发展是分不开的。

哈格斯特龙（W. O. Hagstrom）把硬学科和软学科领域中的这种差别归为两个原因：一是那些精力旺盛的学者对于一般性理论可以快速地加以掌握、吸收和发展，而对于那些相当紊乱的现实材料或详尽而分散的理论需要学者多年

① James J. Duderstadt. *A University for the 21st Century*. Ann Arbor：The University of Michigan Press, 2000，p. 148.

② Tony Becher &Paul R. Trowler. *Academic Tribes and territories：Intellectual Enquiry and the Culture of Disciplines*. The Society for Research into HE &Open University Press, 2001，p. 144.

③ I. Karpiak. The "second call"：patterns of faculty renewal and recommitment in midlife. *Quality in Higher Education*，2000. 6（2），pp. 125～134.

的研究才能够掌握；二是由于专业设备和技术分化的影响，在积累性知识领域二者在较短期限内就会过时，而在软知识领域的研究普遍无需使用仪器且对技术的要求总体上是稳定不变的。莱曼（H. C. Lehman）通过大量的实证调查对"年龄与成就"问题进行了研究，认为能力的顶峰大多出现在一个人的 30 岁晚期，其中化学是 26 ~ 30 岁，物理和数学是 30 ~ 34 岁，地质学、哲学和医学大约是 35 ~ 39 岁。在高峰期之后都有下降的趋势，但智力能力仍在继续，总体而言，在任何领域中，学者获得成就的最大机率出现在 30 ~ 39 岁。①

莱曼的观点遭到了丹尼斯（W. Dennis）等人的批评，丹尼斯通过对出生在 1600 ~ 1820 年之间的 738 名多领域的学者（其中年龄有 79 岁以上的）进行文本研究后发现，许多学者（创造型艺术家除外）20 岁以前是最少产的时期，产出的最高峰几乎都出现在 40 岁或 40 岁以后，60 岁以后学者的学术能力明显下降。但成果的多产性在其 40 岁以后会仍然存在，有的还会出现一种双高峰模式——在 50 多岁出现创造力的第二次高峰。②

曼尼奇（E. Manniche）、莫林（L. Moulin）、赖夫（F. Reif）等通过对学者中的精英分子——诺贝尔奖获得者这个特殊群体进行研究，但得出了不同的结论。其中曼尼奇和福尔克（G. Falk）认为诺贝尔奖获得者高峰期在 30 岁末和 40 岁初。③ 莫林认为，1901 ~ 1950 年间诺贝尔奖获得者的平均年龄稍高，物理学方面平均年龄是 45 ~ 46 岁，化学大约是 50 岁。其中最年轻的诺贝尔物理学奖获得者是 25 岁，而化学是 35 岁。31% 的诺贝尔物理学奖获得者不超过40 岁，但 40 岁以下获得诺贝尔化学奖的仅仅只有 13%。④ 赖夫等学者认为在20 世纪 60 年代最初的 6 年中，物理、化学和医学方面诺贝尔奖获得者的平均年龄为 45 ~ 50 岁，但是其中有的学者在他们 20 多岁时就已经为往后的获奖做出了杰出的努力，而事实上他们完成其工作的平均年龄不到 35 岁。⑤ 朱克曼

---

① Tony Becher &Paul R. Trowler. *Academic Tribes and territories: Intellectual Enquiry and the Culture of Disciplines*. The Society for Research into HE &Open University Press, 2001, pp. 145 ~ 146.

② W. Dennis. Creative productivity between the ages of 20 and 80 years. *Journal of Gerontology*, 1966. 21, pp. 1 ~ 8.

③ E. Manniche. and G. Falk. Age and the Nobel Prize. *Behavioural Science*, 1957. 2, pp. 301 ~ 307.

④ L. Moulin. The Nobel Prizes for the sciences from 1901 ~ 1950. *British Journal of Sociology*, 1955. 6, pp. 246 ~ 263.

⑤ F. Reif and A. Strauss. The impact of rapid discovery on the scientist's career. *Social Problems*, 1965. 12, pp. 297 ~ 311.

（H. Zuckerman）则通过对学科的综合研究后认为，至少从诺贝尔奖获得者中可以得知科学不只是年轻人的"游戏"，显然也是中年人可以玩好的"游戏"。①

可见，不同学科领域中学者的年龄与成就存在差异，学者年龄与研究成就的关系缺乏统一的定论。

二、学者社团中的性别差异

学者社团是由学术专业人员即学者所组成的"专业社团"，是对"学术共同体"、"无形学院"等描述团体性学术专业人员组织特性概念的进一步归纳和提炼。

科班（A. B. Cobban）认为，学者社团在大学产生之初就已经存在，只是在当时的学者社团中学生的影响相对较大。② 而在现代比较成熟的学者社团中，教师的影响超过了学生而居于主导地位。古德（W. J. Goode）则把专业社团的特征概括为以下几个方面：①其成员由一种共同的身份所维系；②这种身份的维系是终身的或持续性的，加入到其中的成员很少脱离；③其成员共享特定的价值观念；④对于成员和非成员的角色认定是互相认同并且全体一致；⑤在社团中存在着外行只能部分理解的某些共同语言；⑥社团对其成员有影响力；⑦社团的社会局限性非常明显；⑧社团通过在社会学意义上控制专业受训者的选择和新成员的社会化过程及训练过程而控制专业社团下一代的生产。③

（一）学者社团中性别差异的现实表现

学者社团的性别差异是研究学科文化不容忽视的一个问题，有很多学者对此有比较深入的研究，20 世纪 80 年代末英国学者哈尔西（Halsey）的研究比较有代表性。他于 1989 年通过对英国大学和多科技术学院 1861 名男学者和 298 名女学者进行调查研究后发现，不同性别的学者在学科领域、职位等级、

① Tony Becher &Paul R. Trowler. *Academic Tribes and territories*: *Intellectual Enquiry and the Culture of Disciplines*. The Society for Research into HE &Open University Press，2001，p. 147.

② A. B. Cobban. T*he Medieval Universities*: *their development and organization*. Methuen&Co. Ltd. ，1975，pp. 196～217.

③ W. J. Goode. Community within a Community: the profession，*American Sociological Review*，1957. 22，p. 194.

任职大学、任职类型、任职合同期限以及教学和研究的时间分配等诸多方面存在不同程度上的差异。

在学科领域方面，男性学者在自然科学、工程/技术和农学/林学/兽医科学等明显多于女性学者，而在文科、社会科学和医学/保健等学科领域女性学者居多数。在职位等级方面，教授和高级讲师等高级职位中男性多于女性，女性往往更多地处于较低的讲师职位。在任职大学、任职类型和任职合同期限方面，男性学者比较多的集中在牛津等研究型大学中、大多为专职工作且比较稳定、工作的雇佣合同期限直至退休的比例较高；而女性学者往往更多地集中在多科技术学院等机构、兼职的比例高于男性学者且工作稳定性较差、工作的雇佣合同没有具体的期限或拥有一个固定的短期限的比例高于男性学者、任职合同的试用期限女性学者也长于男性学者。在教学和研究的时间分配方面，男性学者从事研究的时间较多，而女性学者从事本科生教学的时间比例较大，从而导致女性学者因教学而造成研究时间的不足的比例远远高于男性学者。详情如表 4 所示：①

表 4　1989 年英国高等教育性别情况

	男学者	女学者	差异率
平均年龄	46.4	43.5	p＜0.00
学科领域（%）			
文科	15.3	24.7	1.85[a]
社会科学	27.5	41.3	1.83[a]
自然科学	28.2	13.5	0.39[a]
工程/技术	15.6	3.7	0.20[a]
医学/保健	11.6	16.0	1.41[a,b]
农学/林学/兽医科学	1.8	0.9	0.51
职位等级（%）			
教授	15.3	3.9	0.22[a]

---

① A. H. Halsey. *Decline of Donnish Dominion: The British Academic Professions in the Twentieth Century.* Oxford: Clarendon press, 1992, pp. 224~228.

	男学者	女学者	差异率
高级讲师	42.2	38.1	0.83
讲师	42.5	58.0	1.89[a,b]
任职大学（%）			
牛津大学	4.0	3.4	0.89
伦敦大学	10.3	12.4	1.13
多科技术学院	34.6	46.3	1.62[a]
任职类型（%）			
专职	96.0	92.7	0.51[a]
兼职	4.0	7.3	1.95[a,b]
任职合同期限（%）			
直到退休	79.0	67.4	0.54[a]
无具体期限	11.7	16.4	1.53[a]
固定期限	5.4	12.7	2.48[a]
试用期限	2.0	3.2	1.40
其他	1.5	0.2	0.16[a]
教学和研究的时间分配（%）			
本科生教学	33.1	35.2	$p < 0.05$
从事研究	23.22	20.8	$p < 0.01$
因教学而导致研究时间不足的比例	64.3	81.8	2.49[a,b]

表中 a 代表统计差异在 0.05 水平或更低，b 代表大学和多科技术学院间的不同分布，p 为差异率。

到 20 世纪 90 年代末，出现了大量探究学者社团性别差异的研究，其中英美的结论是学术界女性在许多方面仍然受到排斥，这与哈尔西的发现没有多大的改变。从历史上看，在北美和英国大学里男性学者远远多于女性学者。但这种情况自 20 世纪 60 年代末以来有所变化，在 1969～1990 年间美国女学者的比例从大约 20% 增加到 30% 强。芬克尔斯坦（M. Finkelstein）等发现，在美国所有机构类型和课程领域中专职教职职位方面女性激增，占 1985～1992 年新任命的40%，而1985年前仅仅约28%。根据英国高等教育统计司（HESA）1999年的数据表明，在英国1997～1998年女性占高等教育部门所有专职学术职位的31%，占所有任职的34%及兼职和按时付酬学术人员的52%。也就是说，在英国21%的女学者从事兼职，而男性只有10%兼职。在美国男女学者从事兼职的比例分别是37%和46%。①

在英国和美国，女性学者集中在较低地位的公立高等教育机构得到学术任职，20世纪90年代前半期美国女学者中33%在二年制学院任职，而男学者只有23%。但在美国研究型大学中男女学者教职比例则分别为20%和14%。在英国持有特许状的大学里女性学者只占27%，而在前多科技术学院中却有42%的教职是女性。另外，女性学者普遍在地位较低的职位接受最初任职且她们晋升较慢及获得终身教职的年龄较大，从而导致在美国女性获得终身教职的人数少于男性，其比例大概是42%和66%。②

根据1997～1998年英国高等教育统计司的数据表明，在英国，女性教授占所有教授职位的比例为10%，处于最低层次研究级别和最高层次研究级别的女性学者分别为30%和0.15%，而男性学者处于最低和最高层次研究级别的比例分别为20%和0.6%。在每一级职位的总数中，女性占的比例分别是：高级讲师（持有特许状的大学中）和主要讲师（未持有特许状的大学）为20%，最低级别的讲师为35.6%。③ 在薪水方面，同样学术职位上的女学者薪水少于男性，每年薪水的差距多达1400～4300英镑，并且因学科和机构的不同而有所差异。④ 美国大学教授联合会（AAUP）1998年的一份报告表明，在1975～1988年间因性别差异引起的工资悬殊在几乎所有的美国机构中有所上升，这种悬殊在1988～1998年间有所下降，但仍然存在实质性的差异——男性学者的工资普遍高于女性。⑤ 在工作时间方面，女性却更长。戴维斯（C. Davies）等发现，在20世纪90年代早期英国女教授平均一周工作64.5小

---

① Tony Becher &Paul R. Trowler. *Academic Tribes and territories*: *Intellectual Enquiry and the Culture of Disciplines*. The Society for Research into HE &Open University Press，2001，p. 150.

② 同上。

③ 同上书第55页。

④ D. MacLeod. *Female Trouble*. *Guardian Education*，4 April，2000，pp. 14～15.

⑤ Tony Becher &Paul R. Trowler. *Academic Tribes and territories*: *Intellectual Enquiry and the Culture of Disciplines*. The Society for Research into HE &Open University Press，2001，p. 55.

时，而她们的男同事平均一周工作不过 58.6 小时。① 亚当斯（Adams）也认为，女学者，尤其是在英、美、德和澳大利亚的女学者对其工作安全的满意度以及研究方面的学术自由度不如其男同事。②

在学术形象方面，女性学者也不及男性学者。女性获得博士学位的比例小于男性，如 1992 年美国男女学者获得博士学位的比例分别是 58% 和 40%。女性学者担任教学和辅导的负担更重，用在教学上的时间多于研究，因此她们达到学术专业较高层次的可能性较小。1999 年英国高等教育统计司的统计数据表明，1997～1998 年间的所有岗位上拥有教授头衔的女学者占据 847 个，而男性学者达 8750 个。在美国拥有正教授职位的女性专职教职的比例不到男性的一半。③ 我们也可以从诺贝尔奖获得者的比例看出男女学者的一些差异，从 1901 年诺贝尔奖首次颁发到 2008 年诺贝尔奖百余年的历史上，共有 789 位获奖者，虽然诺贝尔奖女性得主中有居里夫人这样两度获奖的传奇人物，但总共只有 35 位女性曾获诺贝尔奖殊荣，所占比例仅为获奖总人数的 4.44%。

在中国，根据教育部 2008 年高等教育有关统计数据，在学校（机构）教师岗位的职称方面，共有专任教师 1309799 人，其中女性 600052 人，占 46%；专任教师中正高级职称 133228 人，而女性只有 33405 人，仅占 25%；副高级及其以下职称女性所占比例增大，分别为副高级职称 42%、中级职称 25%、初级职称 55%、无职称 53%。在研究生指导教师方面，各类研究生指导教师总计 223944 人，其中女性 55960 人，只占 25%；博士导师 13376 人，其中女性只有 1617 人，所占比例仅为 12%；硕士导师 171796 人，其中女性 49117 人，占 29%；博士、硕士导师 38772 人，其中女性 5226 人，比例仅为 13%。在专任教师学历方面，拥有博士学位者 153247 人，其中女性只有 44639 人，仅占 29%；而硕士及其以下学位女性所占比例明显增大，分别是硕士 49%、本科 47%，专科及以下 39%。可见，在中国，就学校（机构）中专任教师而言，女性在获得正高级职称、拥有研究生指导教师资格以及博士学位等方面都

① C. Davies. and P. Holloway. Troubling transformations: gender regimes and organizational culture in the academy, in L. Morley and V. Walsh (eds) *Feminist Academics*. London: Taylor &Francis. 1995, pp. 7～21.

② D. Adams. Examining the fabric of academic life: an analysis of three decades of research on the perceptions of Australian academics about their roles. *Higher Education*, 1998. 36, pp. 421～435.

③ Tony Becher &Paul R. Trowler. *Academic Tribes and territories: Intellectual Enquiry and the Culture of Disciplines*. The Society for Research into HE &Open University Press, 2001, p. 150.

不到总数的三分之一，处于较明显的劣势。

浙江大学青工委 2001 年对该校 35 岁以下青年教师的一项调查也提供了有力的佐证，调查数据表明，男女学者在学位、职务、科研活动等方面差异明显。高校女学者发展普遍遭遇"玻璃天花板"，女性人才呈现倒金字塔型，尖端人才缺损现象严重。详见表 5 所示：

表 5　浙江大学青年教师学位、专业技术和科研情况①

性别	博士学位	正高职务	科研经费充足、基本充足
男	34%	15%	36%
女	16.4%	3.6%	18.2%

学科社团的性别差异还表现在不同学科领域之间男女学者的人口比例不同。根据英国高等教育统计司 1999 年的数据表明，1997～1998 年英国女学者在硬纯和硬应用学科领域人数较少，如物理学 10%，工程学 12%。但在软纯学科领域，特别是软应用学科领域人数较多，如社会研究 35%，教育 46%。美国的情况大致一样。在大学中地位较低的学科中女性学者居多，即使在这些学科中的高级职位也往往由男性学者把持。根据 1994 年大学教授社会工作协会（AUPSW）的调查表明，社会工作中的教授仅仅 12% 是女性。② 截止到 2008 年，789 位诺贝尔奖获得者绝大多数是男性，且主要集中在物理、化学和经济学等领域。而 35 位诺贝尔奖女性得主所获奖项主要集中在和平奖、文学奖以及生理学或医学奖三个奖项，人数分别为 12 人、11 人和 8 人。在物理学奖和化学奖方面，除居里夫人获得了 1903 年物理学奖与 1911 年化学奖外，只有 1 名女性获物理学奖，2 名女性获化学奖。而经济学奖从 1969 年开始颁发至 2008 年无一位女性获奖。

（二）学者社团中性别差异的归因分析

造成学者社团性别差异特别是女性处于弱势地位的原因很多，其中自由女权主义者指出了各种不利于女性学者的因素，如布莱克斯通（Blackstone）等

---

①　张磊、王珏人、黄亚萍：《知识经济时代呼唤女性成才——高校青年知识女性成才障碍探析》，《高等农业教育》2001 第 5 期，第 28 页。

②　Tony Becher&Paul R. Trowler. *Academic Tribes and territories*：*Intellectual Enquiry and the Culture of Disciplines*. The Society for Research into HE &Open University Press，2001，p. 151.

认为它是"一种较大的社会分化的反映"、是"一种间歇的、温和的和大量无意识偏见的结果"。①

1974 年，美国心理学家麦克比与杰克林在对已有的关于性别差异心理学的大量研究成果进行综合评价的基础上，提出了男女之间的四项差异：女性较男性有更好的语言能力；男性较女性有更好的空间知觉能力；男性数学能力优于女性；男性更富有攻击性。② 其后的研究大都证实了这一点。于是，人们据此认为女性不宜学习科学，即使进入科学领域也难以有所作为。

一般而言，女性都被期待在家庭生活方面担负主要责任，导致了家庭的期望和自身作为学者的角色冲突。家庭的责任意味着她们很难找到没有丈夫和孩子拖累的大量时间从事教学和研究，因此也较难得到远离家庭参加学术会议的机会。有些学科，如天文学、物理学和社会科学的一些领域等需要数据收集、分析和持续的研究，女性在这些领域中从事研究的能力明显处于劣势。

制约女性学者发展的因素还包括因为分娩或其他家务而造成其学术事业的中断等。蒂尔尼（W. Tierney）等通过对北美 12 个不同高等教育机构的社会化研究后发现，性别影响着女性在机构中所扮演的角色，在男性占统治地位的传统系科里，女性一般被期待做一些"微笑工作"（smile work）（即用愉快的方式展现自己行为的标志性管理工作）以及"妈妈工作"（mom work）（即负责教养和照顾角色之类的工作）。而男性是系科和机构的主人，这种文化一直影响着女性作为学者的角色。③

朱克曼和科尔（J. R. Cole）认为在有关科学领域女性面对"三重处罚"：一是对女性科学事业不恰当的定义，导致招聘的减少；二是认为女性在定量推理方面不如男性的成见；三是科学界歧视女性的一些现实事例。④

托马斯（K. Thomas）指出性别身份和特定学科及研究领域的特色之间存在一定的不和谐，学科的成见——一定的探究领域被广泛地认为具有男性或女性的品质这一观念不是文化上的中立。因此专攻于男性身份学科如物理学的女

① T. Blackstone. and O. Fulton. Sex discrimination among women university teachers. *British Journal of Sociology*, 1975. 26（3）, pp. 261～275.

② 鲁洁：《教育社会学》，人民教育出版社 1990 年版，第 545 页。

③ W. Tierney. and E. M. Bensimon. *Promotion and Tenure：Community and Socialization in Academe.* New York：State University of New York Press. 1996, p. 83.

④ H. Zuckerman. and J. R. Cole. Women in American science. *Minerva*, 1975. 13（1）, pp. 82～102.

学者必须能够应对双重身份的尴尬，其中之一就是挑战有关性别角色的传统观念。①

激进的女性主义者把这种性别冲突看作是高等教育父权制本质不可避免的结果，在父权制社会里"男性中心主义"是主流，在学术界男性获得了认识论霸权，女性主义知识受到了男性的压制。多米勒利（L. Dominelli）认为在男性占支配地位的机构中即使是从事女性学科如社会工作的女学者也遭受各种不利，因为男性占据了学术界的上层等级，男性的学术活动成为评估社会工作和决定学科成败的重要参数。② 美国的女学者也认为高等教育的气候更适宜于男性。③

对于不同学科领域之间男女学者人口比例的差异有着多种解释，其中最为普遍的是生物本质主义的解释和女性主义的解释。

生物本质主义的解释主要以男女生理差异和心理差异为认识基础来解释学科的性别差异。从生理因素而言，研究者最为关注男女不同的荷尔蒙系统和左右脑的专门化。研究表明，雄性荷尔蒙对性别差异具有直接或间接的影响，使男女儿童的生理发展出现不平衡性，这种不平衡性往往是男女性别"本质性"差异的外显。这种本质性的差异随后不可避免地表现在对学科的选择上。脑科学的研究进一步论证了性别差异的"本质性"，许多研究认为，男女在语言、空间能力和高水平数学能力的差异主要归于大脑在一定年龄阶段的左右脑分工，语言能力的发展一般要早于空间能力和高水平数学能力的发展。而男女大脑半球的发展存在着差异，女性大脑的专门化比男性要早，所以女性的语言能力的发展较早，从而在一定程度上影响了其他能力的充分发展，这样女性由于其"先天"能力的不足而导致其空间能力和高水平数学能力不如男性。

从心理因素而言，心理学早期对两性心理差异的研究基本上受生物学的影响，也是主要从生理特征上去寻找依据。主要表现在三个方面：首先，以脑的形状及其不同区域的发展来解释成就和个性特征上的性别差异；其次，提出了

① Tony Becher &Paul R. Trowler. *Academic Tribes and territories*：*Intellectual Enquiry and the Culture of Disciplines.* The Society for Research into HE &Open University Press，2001，p. 152.

② L. Dominelli. Women, social work and academia, in D. Malina and S. MaslinProthero（eds）*Surviving the Academy*：*Feminist Perspectives.* London：Falmer. 1998，p. 42.

③ L. Sax, A. Astin, W. Korn. and S. Gilmartin. *The American College Teacher*：*National Norms for the* 1998～1999 *HERI Survey.* Los Angeles，CA：HERI at UCLA. 1999，p. 19.

"母性本能"的概念，这为高等教育中专门为女性设置一些与"母性"和"抚育"相关的学科提供了直接的依据；最后，提出了用智力偏离性假设去解释男女差异，即认为女性处于中等智力状态（常态）的比例高于男性，而男性在智力特征上比女性更多地偏离常态，处于高和低两端的比例高于女性。这一假设可以为高等教育学科领域中男性学者较有成就的比例偏高提供直接的解释。

20世纪70年代以来，已经有大量的关于性别差异的生物因素、心理因素的研究成果问世并被教育学界广泛地引用。"但是可以说，在性别差异的生物因素方面，我们仍然是无知的。虽然已有的研究发现，生物因素使男女某些行为倾向性有所不同，但都未能通过研究来确定生物因素引起差异的程度和范围，也未能发现这些生物因素所影响的行为倾向中那些更顽固或更难以进行后天的改变。"①

针对生物本质主义解释的弊端，西方女性主义对高等教育中学科的性别差异提出了新的解释。女性主义认为，学科性别差异的出现并不是男女本性差异使然，也不是学科理性要求的结果，而是社会意识形态、权力系统和利益机制在学科领域表现的结果，它是由社会文化建构的，完全是一个人为的过程。学科领域中出现的"男性身份学科"和"女性身份学科"，并不是先验的真理和不可变更的天条，而是一种与性别隐喻相对应的意识形态，其中包含着男尊女卑的价值等级观念，有着深刻的文化基础，它实际上是一种男性中心文化在高等教育和学术领域的体现。②

三、学者学术声望的认可与评价

（一）学者学术声望的认可

学者从事学术研究的重要动因是渴望在自身学科领域中获取一定声誉并做出重大贡献。亨克尔认为，职业抱负和学术身份是密切相关的，学者理想的学术事业就是能够始终不断地进行研究，这对他的身份意义是必不可少的。③ 同

① 强海燕：《性别差异与教育》，陕西人民教育出版社2000年版，第18页。
② 王珺：《论高等教育中学科专业的性别隔离》，《妇女研究论丛》2005年第4期，第19页。
③ Mary Henkel. *Academic Identities and Policy Change in Higher Education.* London：Jessica Kingsley. 2000，p. 183.

样在美国，高等教育研究学会（HERI）的一项有关教职的研究也发现，高等教育机构中大约50%的学者认为"成为自身学术领域的权威"既重要又必要，这个比例在研究型大学中更高，并高于"要求在经济上获得丰厚报酬"的比例。① 诺尔·塞提纳（Knorr Cetina）在谈及作为"经济理性者的科学家"时强调在科学家的价值体系中起关键作用的不是某些成果的价值，而是科学家本人的价值！一个人工作的成果，不论他采取何种有形的形式，都不是他自身的目的，而是通向自身职业目的的手段。

学术事业中制约成功的因素各个领域不同，在技术性领域中，如医学和工程学，可以通过发明或发现一项产品而获得名声（如青霉素、喷气式飞机等），在有些社会性领域中，如法律，不必要发表大量的学术成果就有可能成为卓越的学术顾问。然而对于大多数学术领域来说，声望是通过自己研究发现的出版发表而获得的，而那些在教学水平上优秀的学者在被同事认可方面就显得几乎无足轻重。② 但是芬克尔斯坦通过对美国大多数教职的研究后发现，教职的晋升和获得终身教职的主要标准应该是教学而不是研究，这一点对女教职来说更是如此。③ 然而美国卡内基教学促进基金会的数据显示，数十年来一直强调的是研究放在首位。④ 尤其是研究型大学的文化逐渐蔓延到整个高教系统，研究比教学更受到重视，教师投入研究的时间相对增加。据统计，20世纪70年代，所有类型院校的教师投入教学的时间占全部工作时间的60% ~ 66%，研究占14%，管理占18%；90年代，教师从事教学和管理的时间分别下降至53.8%和12.8%，研究的时间增加到20.1%。在这一时期，研究和出版活动主要集中在研究型大学，正如莱德（Ladd）所言，大约10%的教师出版90%的出版物。另有学者拉塞尔（Russell）研究发现，1969年至1989年的20年间，认为"兴趣主要在教学"的教师比例从76%下降至72%；同意"教学效能应该是教师晋升的主要标准"的教师比例从77%下降至69%；认为

① L. Sax., A. Astin, W. Korn. and S. Gilmartin. *The American College Teacher: National Norms for the 1998 ~ 1999 HERI Survey*. Los Angeles, CA: HERI at UCLA. 1999.

② Knorr Cetina. Scientific communities or transepistemic arenas of research? . *Social Studies of Science*, 1982. (12), pp. 101 ~ 130.

③ M. Finkelstein, R. Seal and J. Schuster. *The New Academic Generation*. Baltimore, MD: Johns Hopkins University Press, 1998, pp. 86 ~ 87.

④ J. F. Milem, J. B. Berger, and E. L. Dey. Faculty time allocation: a study of change over twenty years. *Journal of Higher Education*. 2000. 71 (4), pp. 454 ~ 475.

"如果不出版很难获得终身教职"的教师比例从41%增加至54%。①

美国高等教育研究学会1991年进行的一项对35000多名教师的调查表明，尽管98%的教师认为当一名优秀教师是其基本目标，但仅仅10%的教师相信他们所在的学校会奖励教学效果好的教师，其中80%的大学教师、33%的四年制学院教师和11%的两年制学院教师认为，研究在其学校中占据最优先的位置。② 大学教师评价制度、教师报酬制度常常以研究、出版、获得基金资助为中心。对于教师而言，其最高报偿莫过于获得晋升和终身教职，而科研是他们获得这种报偿的重要砝码。在高水平期刊杂志上发表论文或者著书立说比教学更能获得全国性的声誉，因为教学奖励的影响范围较小、不易评价而又容易被人遗忘。③ 正如卡内基教学促进基金会前主席博耶（Boyer）所言，"除了少数人以外，年轻的教授们都知道，假如他们想获得终身教职或受聘于另一所高水平的学校，他们就需要在学术界获得卓越的名声。这不能只靠做好教学工作，而需要在研究工作和发表著作方面有给人深刻印象的记录。"④

虽然出版发表是一种正式而明确的学术认可标准，但也必须考虑一些非正式和默认的标准，黛安娜·克兰在她研究有关"学者多产和认可"的论文中指出，学者获得认可的机会更多的是因为他（她）所在大学的著名度而不是来自于其学术的多产，这也许是因为著名的大学可以为其接触卓越的学者提供更好的机会。⑤ 哈格斯（Hargens）和哈格斯特龙通过对美国学者获得科研资助的能力问题进行研究后发现，在学者的早期学术生涯中，个人所获得博士学位的机构及其现在任教的机构比研究多产在识别和认可其声誉方面更为重要。⑥ 此外，学者获得声誉也包括了"大量的公共关系因素"，"你必须使别

① M. Finkelstein, R. Seal and J. Schuster. *The New Academic Generation*. Baltimore, MD: Johns Hopkins University Press, 1998, pp. 76~85.

② A. Centra. *Reflective Faculty Evaluation: Enhancing Teaching and Determining Faculty Effectiveness*. Jossey Bass Publishers, 1993, p. 3.

③ 李长华、曾晓东：《美国高校教师绩效评价存在的争议》，《外国教育研究》2004年第11期，第40~43页。

④ 欧内斯特·博耶：《美国大学教育——现状、经验及对策》，复旦大学出版社1998年版，第141页。

⑤ D. Crane. Scientists at major and minor universities. *American Sociological Review*, 1965. 30, pp. 699~714.

⑥ L. Hargens. and W. Hagstrom. Sponsored and contest mobility of American scientists. *Sociology of Education*, 1967. 40, pp. 24~28.

人认识你，在学术会议上学会推销自己，使自己所做的工作为别人所理解。"①在学者通过出版发表获得良好的声誉方面，一般而言，初级学者或新聘任的学者倾向于认为更多地取决于著作的数量，但高级学者或已经拥有一定学术地位的学者普遍认为著作的质量才是最为关键的因素。②

对学者学术声望的认可应该考虑到机构和学科等多种因素的影响，伯顿·R·克拉克为我们揭示了在不同机构和学科背景中学者认可方面的差异，他通过对不同机构中不同学科的学者进行访谈的方法，探究了学者的形象问题，他访谈的问题是——描述你认为是杰出学者的形象，访谈的对象是研究型大学、综合性大学和社区学院的部分教授，结果发现不同机构和学科的教授认为杰出学者的形象有所差异。

在研究型大学中，伯顿·R·克拉克采访了 5 个来自不同大学不同学科领域的教授，学科领域涉及到生物学、化学、物理学、英语和政治科学。其中生物学和化学教授认为杰出的学者就是在他（她）所在的领域中做出真正一流的贡献，并且同时能够把信息、技术和方法等教授或传递给他人。可见，这种杰出学者是研究和教学的完美结合，是传统的洪堡大学理想的体现，研究处于首要和中心地位。教学成为一种传递研究成果并使其他人及时了解研究前沿的一种方法，成为一种更为公共的行为，使关注自我转向关注他者。③ 物理学教授认为，"一个学者最有价值的东西就是他能够激发热情去创造一种令人兴奋的科学环境。他拥有一定的权威，是一位绝对伟大的物理学家，他也可能非常自负，但就是这种自负也使人感觉良好。当你同他一起从事物理研究的时候，即使你还是本科生也会觉得自己和他一样是世界上最聪明的人并且能够征服研

① Tony Becher &Paul R. Trowler. *Academic Tribes and territories*: *Intellectual Enquiry and the Culture of Disciplines*. The Society for Research into HE &Open University Press，2001，pp. 79 ~ 80.

② Tony Becher &Paul R. Trowler. *Academic Tribes and territories*: *Intellectual Enquiry and the Culture of Disciplines*. The Society for Research into HE &Open University Press，2001，p. 77.

③ 简·曼斯布瑞杰（Jane J. Mansbridge）在阐述有关民主政治的形式时区分了三种不同的利益形式——关注自我（self-regarding）、关注他者（other-regarding）和关注理想（ideal-regarding）。所谓关注自我，指的是偏爱纯粹的个人所得，即我们常说的自私；关注他者指的是为另一个体或群体的利益着想；而关注理想指的是一个人的利益被视为和某些原则的实现是统一的。参见 Burton R. Clark. *The Academic Life*: *Small World*，*Different Worlds*. The Carnegie Foundation for the Advancement of Teaching. Princeton，New Jersey，1987，p. 106.

究中的任何困难。"① 在这里我们发现教学的重要性仍然处于研究之后，学者凭借他的专长拥有权威，其过于关注自我利益有可能使他变得自负，但是这种自负可以激发他人并增加他们解决疑难问题的信心，关注自我成为了"加强他者"（other-enhancing）。英语教授认为理想的大学学者应该是学识和教学的模范，他说："我有一位历史学教授好友，他出版了两本非常杰出的著作，他也许是我所认识的最好的本科生和研究生教师。他总是花费大量的精力备课，关心每个学生，经常反思自己的教学并力求不断提高。我从未见过其他人像他一样花费精力提高教学的质量。他坚持不懈并有着极高的学识，他不刻意追求声望，他是一个真正的学者并且深受学生们的爱戴和拥护。"② 在此我们发现了人文学科理想学者的模式——"杰出的著作"和"极高的学识"、"关心教学而深受所有学生的爱戴"。政治科学的教授则认为好奇心、辨别力和实事求是应成为学者具备的核心素质，做出杰出贡献的学者一般都是不为正统思想所束缚喜欢标新立异看待问题的人。这就意味着杰出的学者必须拥有一种追求真理的热情和树立真理必须来自于现实的信仰。

在综合性大学中，伯顿·R·克拉克也采访了5位拥有杰出成就的学者代表，其中生物学教授认为杰出的学者应该是热情而有自控力的，其中更为重要的是能够尊重学生。物理学教授认为一个杰出的学者必须具备三点：一是他必须拥有一个良好的学术背景，在自己喜欢的研究领域中表现出色并坚持不懈；二是他必须是一个真正的学者，必须对学生负责，是一个好教师；三是他必须有一定的潜质和能力从事研究，对获得知识和创造知识富有兴趣。政治科学教授认为学者不应该仅仅生活在象牙塔之中从事教学和研究，而应该走出象牙塔关心现实。英语教授把积极投身于自己的专业和满怀热情地工作看作是杰出学者的标准。商业教授认为理想的学者应该是更多地关心他人而不是只顾自己的研究。③

在社区学院中，伯顿·R·克拉克主要采访了2位教授，其中的物理学教授认为杰出的学者应该花费大部分时间和学生在一起并帮助学生搞好学习；而

① Burton R. Clark. *The Academic Life*：*Small World*，*Different Worlds*. The Carnegie Foundation for the Advancement of Teaching. Princeton, New Jersey, 1987, pp. 123 ~ 124.

② 同上书第 124 页。

③ Burton R. Clark. *The Academic Life*：*Small World*，*Different Worlds* The Carnegie Foundation for the Advancement of Teaching. Princeton, New Jersey, 1987, pp. 125 ~ 126.

另一位生物学教授认为杰出学者的突出表现为对学生和他人的关心。

总之，在不同机构和学科中，杰出学者的形象存在差异。研究型大学要求学者凭借自己的杰出研究在国内乃至国际上拥有一定的声望。而在综合性大学中，已经转移到以教学为中心，学者应该拥有良好的学术背景并且能够从事研究，但教学比研究更为重要，关心学生、对学生有强烈的责任感也是尤为必要的。在社区学院中对杰出学者的要求主要是以学生为中心，学者经常把他们同学生的关系看得最重，学生成为他们首要求助的拥护者，关心学生和帮助学生学习成为学者理想形态的主要标准。可见，这种在不同机构和学科间有关理想学者形象的差异就形成了不同的文化。

（二）学者学术声望的评价

学术职业是一个特殊的场域。在学术职业场域中，学术职业是通过学术成就获得社会资本的。通过学术能力获得承认，通过对能力的承认获得权威和声望，学者学术声望的大小主要取决于学者智力贡献的大小，与学术创新密不可分，二者是一种正比例的关系。

学者智力贡献的大小可以通过一些社会的和认识的特征加以区别，主要表现为两个方面：一是学者智力成果的适用范围。一个学者智力成果的适应范围越大就更容易赢得学术声望。二是学者智力成果被参考和引用的程度。一个学者的声望越大，其智力成果被参考和引用的可能性就越大。但是，对学者智力成果质量的准确判断通常取决于同领域中杰出的顶级学者，这种学者充当着知识领域"守门人"的角色——决定谁有资格可以进入特定的知识社团。正如S·科尔（S. Cole）所言，"特定学科的'明星们'充当着主要的守门人角色，通过他们作为守门人和评估人来决定其他学者工作的优劣及其重要性与否。"①

尽管卓越的学者对于任何学术团体来说都是特别重要的，但对于研究中质量的控制，传统上是学者集体的责任。除了具有明显等级地位的学科领域外，一个学科领域中的任何学者不管其学术地位高低都有权力对其他学者的工作提出批评和建议，并且在原则上这种权力受到强烈的保护。而这种权力的取得依赖于一种程序——同行评议。

同行评议最开始的雏形可以追溯到17世纪中叶，是由英国皇家学会主办的《哲学学报》主编亨利·欧顿堡（Henry Oldenburg）设计的，用于评定刊

---

① S. Cole. The hierarchy of the sciences. *American Journal of Sociology*, 1983. 89（1），pp. 111～139.

物稿件发表与否的制度。同行评议中的学术同行是个模糊界定的概念。它同"专家网络"、"无形学院"以及更为宽泛的学科界有着密切的关系。学者的工作必须由明智的内行专家们相互评价是由学术和知识的特性决定的，也就是说，精通某一学术领域的学者才可能对该领域作出权威性评价，学术领域的事外人不具有发言权。对于学者来说，他们把国内甚至于国际上的同行认可看作是最根本的评价标准，这种价值倾向有利于促进科学的发展、学科的专业化和知识的深化。而对于那些主要从事教学工作的学者来说，得到学生的认可是他们工作成就的实际评价标准。但如果他们希望提高学术声誉或尽快获得职位升迁的话，那么积极参与科研、满足同行评议的要求就成为他们必然的选择。

一般而言，同行评议既可以保持学术的整体标准又有利于鉴别个体的差异。但同行评议并非十全十美，也有其自身的缺陷，对同行评议的谴责也五花八门，主要表现为：

1. 已经赢得一定声望的学者在同行评议中倾向于受到偏爱而处于优势。正如 S·科尔等人认为，在美国，拥有一定的学术成就、发表过大量的著作、成果具有较高的被引用率、曾获得过国家科学基金资助以及来自于有声望的学术系科的学者比其他学者更有可能获得国家基金会的拨款。[①]

2. 在较为高度专业化的领域里，同行评议学者有可能对被评议的领域缺乏直接的了解，在这种意义上他的评议和判断就缺乏专业，其结果就有可能造成本该明智而公正的同行评议出现局限性。

3. 人类的主观判断容易出错，专家们意见不一也是常见的事，这在一些新的研究领域中更是如此，从而导致同行评议的主观性强，得到研究拨款在很大程度上是一种机遇。

对同行评议制度作过专门研究的 S·科尔也认为，抛开问题的可靠性即同行判断的一致性以外，同行评议的有用性也是令人怀疑的，因为它常常未能预测谁是成功者。[②]

除了这些先天缺陷之外，同行评议在不同知识领域之间的运作是不平衡的，具有可渗透性边界的软知识领域比边界严格界定的硬知识领域在本质上更

① S. Cole，L. Rubin. and J. R. Cole. Peer review and the support of science. *Scientific American*，1977. 237（October），pp. 34 ~ 41.

② S. Cole. The hierarchy of the sciences. *American Journal of Sociology*，1983. 89（1），pp. 111 ~ 139.

能够容忍分歧。同行评议中的同行群体所关心的是在不同的知识领域建立起标准，因而所面临的任务有所不同。尽管如此，同行评议仍然不失为对学者学术声望进行评价的一种可行的方法。

第五章

大学学科文化的理论反思

通过以上各章从不同方面对大学学科文化的探究，我们对大学学科文化有了一定的了解，但不可否认的是，这种基于大学学科文化各个具体方面的了解很难提升有关学科文化的理论水平，这就非常有必要对大学学科文化进行理论反思，以寻求历史和逻辑的统一，因此，本章着重解决三大问题：①大学学科文化本质的逻辑梳理；②后工业时代的高等教育及其对大学学科文化的影响；③大学学科文化的发展前景。

一、大学学科文化本质的逻辑梳理

大学学科文化的本质千头万绪，很难加以简单归纳，通过研究，笔者尝试着把大学学科文化的本质概括为以下四个方面：

（一）大学学科文化是学者、学科、知识三者在动态过程中相互影响的产物

首先，大学学科文化是学者、学科和知识相互影响的产物。如前所述，大学学科文化包括了学者、学科和知识三个基本的要素，其中，学者是学科文化的主体，是学科文化的创造者；学科是学科文化的载体；知识是形成学科文化的本原。学者、学科和知识是相互影响的，学者是以一定的学科为其身份基础而系统地进行有关知识的学习和研究的，因此学科和知识影响着学者的身份，反过来，学者可以创造知识和学科，对学科和知识产生直接的影响。学科是根据一定的理智任务及知识自身的特点而对知识进行的有组织的社会分组，是以知识为基本要素的，是知识分化的产物，因此知识的发展变化影响着学科的生成和演化以及学者研究的内容和方向等，同样，学科和学者也影响知识的发展和变化。知识是指一种高深而特殊的理智材料，是学科的基本要素和学者必要

的文化资本，因此知识对学科和学者有重要的影响。可见，学科文化的三要素是相互影响的，正是这种相互影响才形成了各个学科独特的文化——学科文化，或者说，学科文化是学者、学科和知识三者相互影响的产物。即学科文化是学者在一定时期内创造的以知识为本原、以学科为载体的各种语言符号、理论方法、价值标准、伦理规范以及思维与行为方式的总和。它们之间的关系可以图示如下：

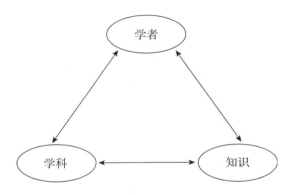

图5　大学学科文化基本要素关系图

其次，大学学科文化是一种动态的文化，它的动态程度取决于学者、学科和知识的变化程度以及三者相互影响的程度。中世纪大学的学者、学科和知识同现在的大学学者、学科和知识已经是大相径庭了，因此，现在的大学学科文化也迥然有别于中世纪的大学学科文化。这也告诉我们，只有用动态发展的观点才能正确地认识处于动态发展中的学科文化。

（二）大学学科文化具有强烈的学术性

大学学科文化是一种特殊的社会亚文化，它除了具有一般文化的共性如时空性、精神性、社会性、稳定性等以外，还具有其独特的个性。学科文化的这种独特的个性主要就是其强烈的学术性，它主要表现在以下两大方面：

首先，大学学科文化是由经过系统学习，掌握有关学科知识、技术和方法，具有一定的学术精神、价值观念和行为准则的学者创造的，与一般文化的主体有所区别。"当我们把目光投向高等教育的生产车间时，我们所看到的是一群群研究一门门知识的专业学者。这种一门门知识称之为'学科'，而组织正是围绕这些学科确立起来的。学者们的最大相同之处就表现在他们都一心一意地钻研学问。但是，他们的最小共同之处是那种对他们来说都是共同的知识，因为他们所研究的领域都是专门化的、互相独立的。"① 可见，学者从事的是一种与学科相关的学术活动，正是这种学术活动，使得学科文化得以传承和创新。

其次，大学学科文化是以知识为本原、以学科为载体的文化，而大学学科就是根据培养专门人才、进行科学研究和服务社会等任务及知识自身的特点对知识进行的有组织的社会分组，是拥有自己的一套观念、方法和主要目标的相对独立的知识体系。而知识的本质特征就是学术性，大学知识是研究高深学问的专门化知识。正是知识的这种品性使得其学科成员形成了专业化语言、认知风格、不同的思维模式以及学科具体化了的民俗等。例如，对于地震问题，学物理的都从地壳内地震能量的聚集与如何释放来思考；学地质构造的都从地震过程如何受构造的控制和地震时空演变历史看地震；学天文和数学的则努力于地震序列的周期性和非线性行为的分析；学化学的则偏于从活性元素由深而浅的动态中思考地震过程的伴生现象；而学生物的则有趣地探索地震发生前有何种物理因素引起生物的异常行为。②

（三）大学学科文化具有显然的身份性

首先，学者都是以一定的学科为其身份基础的，学科文化对其成员有规训作用。学科文化通过其特有的规训方式，训练着学科新人，使每个学科中的成员从进入这一领域开始，就受到这些学科的规范、传统、观念的影响和熏陶，逐渐形成一定的思维方式、价值评判标准，以及相应的行为方式等。"在每一学科领域里，都有一种新成员要逐步养成的生活方式，在发达的系统中尤其如此。物理学家、经济学家和艺术史学家，先是作为学生，然后通过工作期间与学科同行的相互接触，才成为他们的特定学科的合格成员的。刚刚进入不同学术专业的人，实际上进入了不同的文化宫，在那里，他们分享有关理论、方法论、技术和问题的信念。一个范例是一个科学团体的成员共享的东西；反过来，一个科学团体是由共享一个范例的人们组成的。"③ 学者正是通过这种学

① ［美］伯顿·克拉克著、王承绪等译：《高等教育新论——多学科的研究》，浙江教育出版社2001年版，第107页。

② 马宗晋：《学科交叉的自我思考》，《地球科学——中国地质大学学报》2002年第5期，第20页。

③ ［美］伯顿·R·克拉克著、王承绪等译：《高等教育系统——学术组织的跨国研究》，杭州大学出版社1994年版，第87页。

科文化的规训作用而逐渐形成一种独特的文化身份，我们一般都是通过这种文化身份来识别不同学科领域中的学者。

其次，由学科和专业领域形成的联合会、学会和学术界，也存在着关于自身特征的一些象征性材料。这些象征材料包括用以区别社团内外成员的入会程序和资格；学科特定美德的重新确定；对本学科杰出学者的奖赏和宣扬以及有关的伦理法则等。"从这些材料以及有关活动与奖赏中，形成了比来自配偶、爱人与家庭保护者和来自社区、政党、教会与联谊会的象征更强有力的自我身份确定。"①

再次，学术生活的部落制导致学科身份的凸显。斯诺认为的整个西方社会精神生活的两个极端——学文的知识分子和学理的科学家，依托尼·比彻的话来说，就是两种不同的学术部落。它凸显了人文学科和科学学科两种不同的学科身份。随着学科知识日益专业化，不同学科的人共同点变少，每个学科都拥有自己特殊的亚文化，从而形成不同的学术部落，不同的部落代表着不同的学科，学科的身份通过学术部落的形式凸显。

最后，个体对学术部落的归属感是学者身份的外显。如前第三章中所述，个体对学术部落的归属感主要通过三种方法表明：一是偶像崇拜；二是人工制品；三是各种专业语言。其中专业语言在创建学科文化身份方面起着关键的作用，不同的学科拥有各自不同的一套专业语言，如特种符号、数量编码、或大量专业化术语，成为各自学科领域里的"行话"。

（四）学科文化在本质上就是学科信念

学科和院校是大学组织的主要形式，高等教育系统的学术活动是围绕着学科划分和组合及根据院校划分和组合来进行的，学科和院校是信念最强大的源泉。根据独特的理智任务，各门学科都有一定的知识传统，即思想范畴和相应的行为准则，也就是各门学科独特的学科文化。在同一学科文化圈内的成员共同分享着本学科理论、方法、技术的信念，如数学的基本风格是优雅和精确的结合，而与数学家非常接近的物理学家则更关心现实。圈内的人们可以用被称为"行话"的专用词汇进行学术上、思想上乃至感情上的交流，对本学科的地位、作用和价值十分关注，并且在许多问题上有共同的看法。这样，不同学

---

① ［美］伯顿·R·克拉克著、王承绪等译：《高等教育系统——学术组织的跨国研究》，杭州大学出版社 1994 年版，第 91 页。

科的学者社团形成了明显的差异并相互区别。如作为软学科的哲学在 20 世纪后半世纪，内容大大专门化并内部产生分化。美国哲学的专门化发生在 19 世纪到 20 世纪之交的几十年里，主要被哈佛大学的哲学系所控制。在这个占支配地位的系里曾拥有威廉·詹姆斯（William James）、乔赛亚·罗伊斯（Josiah Royce）、乔治·桑塔亚那（George Santayana）、怀特海（Alfred North White-head）等著名哲学家。布鲁斯·库克利克（Bruce Kuklick）对这些哲学家在美国哲学兴起过程中所起的作用进行了分析后发现，他们之间存在着一组统一的基本信念：“这组信念，在某种程度上反映了证明哲学学科专门知识所以必要的复杂性，但也是一组确定哲学的对象和使哲学争论的术语固定化的丰富细腻的观点。哈佛的实用主义是信奉从一组相关的专门学说中作推导的新康德主义的一种形式：强调我们的观念图式的变化性质的构成派认识论；信奉一种唯意志论；关心经验可能的性质；摒弃现象学的经验主义的传统；承认逻辑对于哲学的重要性；不满观念的和经验的二元论；拒绝区别知识的问题和价值的问题。”① 可见，“这组信念”、“丰富细腻的观点”、“相关的专门学说”等形成了哲学专门化的思维模式并区别于其他的学科。

这种学科信念的作用被马克斯·韦伯（Max Weber）形象地比作“板道工”，有助于确定由利益所推动的活动的路线。伯顿·R·克拉克则把信念视为“中介缓冲器”，二者都指出了学科文化是一种连接客观现实和学科成员行为之间的中介，“在系统中的人受自身观念的指导解释社会趋势的意义，决定合适的反应方式。”② 即“文化赋予现实以意义，同时决定系统的合适反映方式即行为。”③ 学科文化就是通过其强有力的价值与信念体系对学科成员的行为进行着规训和激励，使其在不断的熏陶和内化过程中选择着合适的行为方式，产生心理上的认同感和归属感，并进而导致对学科的承诺和忠诚。正如伯顿·R·克拉克所说，在探究学术文化时应该注意三个有益的概念：信念（belief）、承诺（commitment）和利益（interest）。信念直接导致承诺，没有对

---

① ［美］伯顿·R·克拉克著、王承绪等译：《高等教育系统——学术组织的跨国研究》，杭州大学出版社 1994 年版，第 89 页。

② 同上书第 109 页。

③ 徐力：《高等教育系统——学术组织文化浅析》，《浙江大学学报（人文社会科学版）》2001 年第 3 期，第 129 页。

信念力量的表态就不会信任任何东西，信念还可能创造大量共同利益的原则。①

正是这种学科信念，使得学科文化就像一种粘合剂一样把同类学科成员凝聚在一起而形成群体意识、向心力、认同感、归属感和忠诚感。这种同类学科成员甚至可以跨越不同的院校、地区和国家的界限而形成无形学院进行交流。尽管这些学科成员在性格、风格和观念方面各异，但"学科仍为学科——这是因为它们的联结非常强大有力，足以容纳相当大的内在差异的存在。"②

二、后工业时代的高等教育及其对大学学科文化的影响

第二次世界大战以后，世界形势发生了很大的变化。以美国经济学家舒尔茨为代表的一批西方学者在 20 世纪 50 年代末 60 年代初提出了"人力资本"理论，把教育经费的支出看成是投资而不是消费，大大刺激了教育投资。从 20 世纪 50 年代开始，西方工业化国家陆续进入"高等教育大众化时代"，但紧接着这场大发展之后到 20 世纪 70 年代，由于经济危机的出现而导致的结构性失业，人口下降而导致的大学生源不足，高等教育高速发展而导致的教育质量的滑坡等原因，使得世界高等教育的发展受到极大的扼制，发展速度减缓，但实际上大学已从外延式发展向内涵式发展过渡。大学已成为现代社会的"轴心机构"，从社会生活的边缘走入社会生活的中心，传统的"象牙之塔"开始瓦解，大学与社会发展的关系日益紧密，大学在自身的发展和调整中派生出一项新的职能——直接为社会服务。

大学作为"社会的轴心机构"对社会的生存和发展日益重要，导致它们越来越多地受政府的直接或间接地控制。到 20 世纪 70 年代，西方国家大多完成了工业化和城市化等西方式现代化的进程，西方社会逐渐进入了后工业社会或曰后现代化时期。

丹尼尔·贝尔（Daniel Bell）在他的《后工业社会的来临》③ 中阐述了他

---

① Burton R. Clark. *The Academic Life: Small World, Different Worlds*. The Carnegie Foundation for the Advancement of Teaching. Princeton, New Jersey, 1987, p. 106.

② ［美］伯顿·克拉克著、王承绪等译：《高等教育新论——多学科的研究》，浙江教育出版社 2001 年版，第 204 页。

③ Daniel Bell. *The Coming of Post—Industrial Society*. Harmondsworth, Middlesex: Penguin Books, 1976.

有关后工业社会与高等教育方面四点极为重要的思想：①

① 理论知识的编码是现代社会的"轴心原则"；

② "知识工人阶级"，受过教育的专业人才成为越来越关键或越来越起引导作用的社会集团；

③ 促使社会进步的关键是扩大高等教育机会，使尽可能多的人能从高等教育中受益；

④ 高等教育体制是"轴心结构"，大学（包括与大学分而设之的研究所）是现代社会的"轴心机构"。

当然，我们不能局限于贝尔的分析，但他为我们理解后工业时代的高等教育提供了有用的视角。为了研究的方便，本书在此是在同一意义上使用高等教育和大学这两个概念的。

卡梅伦（K. Cameron）和奇尔哈特（M. Tschirhart）把新的高等教育系统所处的后工业时代的特征归纳为动荡的变革、信息的超载、激烈的竞争以及不确定性因素的增加等。② 这对于高等教育机构来说，意味着竞争的加剧、稀缺资源和新的非正式费用以及招生和税收的不可预测性加大。而对于学者而言，它意味着需要探求新的明确的身份和在变化的暴风雨中寻求避难所。③ "后工业"这个术语也指代宽泛的社会经济变革，许多国家经济属性发生了变化，据推测，21 世纪头 10 年美国将失去 1 千万到 1 千 5 百万制造业领域的职位，这对美国将产生一定的社会后果。④ 对高等教育的重大冲击在所难免，与后工业时代特征相联系的高等教育也发生了相应的变化，其主要特征表现在全球化、大众化、市场化和大学里的管理主义等方面，而这些变化直接或间接的影响了大学学科文化。

（一）高等教育全球化

全球化是一个有争议的术语。其概念和定义大致可以分为两大类：一是主

---

① ［美］伯顿·克拉克著、王承绪等译：《高等教育新论——多学科的研究》，浙江教育出版社 2001 年版，第 44～45 页。

② K. Cameron and M. Tschirhart. Postindustrial Environments and Organizational Effectiveness in Colleges and Universities. *Journal of Higher Education*，1992. 63（1），pp. 87～108.

③ Mary Henkel. *Academic Identities and Policy Change in Higher Education.* London：Jessica Kingsley. 2000，p. 136.

④ W. G. Tierney. *Building the Responsive Campus：Creating High Performance Colleges and Universities.* Thousand Oaks，CA：Sage，1999，p. 6.

张全球化就是全球相互关联和相互依赖的强化，跨国流动的增加，以至于整个世界趋向于单一化的发展方向；二是强调全球化乃是时间和空间关系改变的结果。① 这里我们指的是跨越国家间的网络信息和资源的全球化流动现象。这样的网络在物理的（如国际交通体系）、社会的（如英特网和联合科研网及它的学术亚网、不断增多的全球化"无形学院"等）和经济的（如一国大学的科学发现将被另一国作为技术进步所利用）方面把世界密切联系了起来，使整个地球成为了密切联系的"地球村"。这个术语也用来指代实质性的全球化，它涉及到个人的身份、观点和日常的实践等诸多方面的变化。全球化现象对高等教育产生了实质性的影响，斯劳特（S. Slaughter）和莱斯利（L. L. Leslie）认为全球化对大学造成了四大后果，它们是：②

① 在激烈的国际竞争迫使下，政府在自由决定的活动如高等教育财政方面受到了限制；

② 与国际市场相联系的高等教育技术科学的中心地位日益突出；

③ 政府与跨国公司间有关产品发展和创新的关系日益加强；

④ 在跨国公司和已有的工业国家里，全球化的知识产权策略得到日益重视，赋予了大学研究的一种新环境。

高等教育全球化在英美及其他国家日益突出，其领域涉及科学与技术政策、入学、财政和大学自治等多个方面。每个国家的技术转换过程提速，从大学到市场产品的运作程序加快，公私立高等教育部门之间的边界模糊。大学应用技术得到着重强调，高等教育课程变得更为职业取向。同时，高等教育体系的扩张意味着为弱势群体提供了更多的入学机会，在有关学生市场方面正寻求一种"无边界"的特征。传统的大学受到了来自全球化"巨型大学"的威胁，如美国的凤凰大学和英国的开放大学等。20 世纪 90 年代中期，11 所这样的机构招收了近 3 百万学生。③ 这些机构不断采用新的"知识媒体"进行学位课程的远程教学，从而满足全球范围内学生入学、知识共享与创造的需求。这种通过新技术而提供所有课程的能力对机构和学生来说都是很有效率的，为"巨

---

① 黄晓霞等：《高等教育市场化》，北京大学出版社 2004 年版，第 4 页。

② S. Slaughter and L. L. Leslie. *Academic Capitalism*：*Politics*，*Policies and the Entrepreneurial University*. Baltimore，MD：Johns Hopkins University Press，1997，pp. 36～37.

③ J. S. Daniel. *Mega-Universities and Knowledge Media*：*Technology Strategies for Higher Education*. London：Kogan Page，1996，p. 10.

型大学"的发展奠定了一个巨大的全球化市场地位。长期而言,"知识媒体"的影响会更为激进,丹尼尔(J. S. Daniel)认为,"由计算机、电信和认知科学所创建的知识媒体从根本上改变了人和知识的关系"。①

可以说全球化对大学保持其未来的竞争地位至关重要,并对大学产生了多方面的影响。正如联合国教科文组织总干事马约尔教授于1998年6月在欧洲第二届社会科学大会上所说,在全球化的进程中,少数人是全球化化人者,多数人则是被全球化。包括有些西方学者在内也担心,全球化有可能造成的负面影响是"新的信息或文化殖民主义"的出现。② 即使我们可以对全球化将造成的威胁保持一种乐观的态度,但要实现全球化的高等教育这种极端的观点似乎是不可能的,因为在法律体系、医疗保健和其他领域的专业认可等方面具有国家的而非全球的属性。因而那种认为有形大学即将消亡的观点也是不成熟的,像莱文(A. Levine)等人就曾担心高等教育的消亡但同时又疑问重重,正如他所说:"如果我们能够通过电子网络做所有事情的话,为什么高等教育仍然需要一种名叫校园的有形场所呢?"③

高等教育全球化对学科文化的影响突出表现在对学者卷入其中的人际网络方面所发生的重要的影响。斯科特(P. Scott)在这方面做了研究,认为其重要影响主要表现在三个方面:学者的国际流动、机构间合作的国际化以及思想流动的国际化。④

首先,学者的国际流动包括永久的重新定居和短暂的访问。就目前而言,短暂的访问占主要部分,美国的大学为学者的国际流动提供了主要的目的地。斯科特根据国际旅游阶层系统的分类,认为精英学者和管理阶层比一般学者拥有更多出访旅游的机会。

其次,机构间合作的国际化,一般指的是双边合作,现在日益成为多边或全球性的合作。这些合作有的指向政治目标,有的是对潜在的威胁表示回应。前者如欧盟阿尔发计划(the EU's Alfa programme)中有关拉美国家高等教育

① J. S. Daniel. *Mega-Universities and Knowledge Media*: *Technology Strategies for Higher Education*. London: Kogan Page, 1996, p. 17.

② 王一兵:《高等教育大众化、国际化、网络化和法人化——国际比较的视角》,云南大学出版社2002年版,第179页。

③ A. Levine. How the Academic Profession is Changing. *Daedalus*, 1997. 126 (4), p. 16.

④ P. Scott. Massification, internationalization and globalization, in P. Scott (ed.) *The Globalization of Higher Education*. Buckingham: SRHE/Open University Press. 1998, pp. 108 ~ 129.

体系发展的合作，后者的典型事例是英国政府为了应对外国大学入侵本国市场而于 2000 年要求英国的大学和私人部门公司共同投资协力发展合作网络大学。

最后，涉及人文科学、自然科学和社会科学等思想的国际性流动。而这些思想的国际性流动造成一种学术劳动的不平等分化，正如斯科特所说，"真正具有创造性的范式变革的科学正在北美发生，而一些常规科学则发生在印度次大陆、拉丁美洲等地方。"① 这也在一定程度上说明学术网络的国际化和全球化模式日益受到社会结构因素和经济因素的制约。② 此外，高等教育全球化对学科文化的影响还表现在新的"知识媒体"的出现导致学者进行学习、研究和交流等内容和方式的改变；学科中的国际化内容增多，外语教学日益重要等等。

（二）高等教育大众化

马丁·特罗（Martin Trow）对高等教育体系发展阶段的经典分类——精英型、大众化和普及化在高等教育研究中被广泛地引用。根据这种分类，英国高等教育在 1988 年因其适龄人口毛入学率超过 15% 就步入大众化时代，到 20 世纪 90 年代晚期，高等教育适龄人口毛入学率一直稳定在 30% 以下，导致其走向普及化的进程暂时受阻。而美国高等教育在 20 世纪 50 年代进入大众化，到 60 年代因其适龄人口毛入学率超过 40% 而迈向普及化阶段加速。中国高等教育从 1999 年进入快速扩张阶段，2002 年进入高等教育大众化阶段。

近年来，高等教育无论在性质上还是数量上都发生了重大的变化。就英美而言，1988 年英国接受高等教育的学生达 180 万，美国 1997 年接受高等教育的学生达 1430 万。美国在过去 20 年里每 10 年高等教育招生人数增长 13%，而英国的增长幅度更大，在 1982～1992 年间的第一年入学数目增长达 91%。这意味着高等教育系统学术人员数目的相应增长，1976 年英国共有学术人员 10 万人，美国为 80 万，而到 1997～1998 年，英国学术人员数目增加到 128，000 人，美国 1995 年学术人员数目达到了 1，150，000 人。伴随着学术人员数目的增长，学生的组成也发生了变化。20 世纪 90 年代晚期与 10 年前相比，高等教育的学生组成的变化表现为：①女性增多（1998 年英国为 53%，1997 年美国有 56%）；②少数民族学生增多（1997～1998 年英国有 10% 的黑人和

① P. Scott. Massification, internationalization and globalization, in P. Scott（ed.）*The Globalization of Higher Education.* Buckingham：SRHE/Open University Press. 1998，p. 120.

② Tony Becher &Paul R. Trowler. *Academic Tribes and territories*：*Intellectual Enquiry and the Culture of Disciplines.* The Society for Research into HE &Open University Press，2001. pp. 94～95.

亚洲人，美国是 27%）；③学生年龄增大（1998 年英国的学生年龄超过 21 岁的占 59%，美国达 58%）。①

如果把英美两国高等教育体系作为一个整体加以看待，那么显而易见的是外部的全球化已经导致高等教育内部日益多样化。在多样化方面，美国高等教育体系尤为明显，它拥有 4000 多所使命独特且学术标准不同的高等教育机构体系。这种体系包括高声望的常春藤联合会私立大学以及一些声望较低的公立大学和两年制学院，它们各自都拥有自己的文化结构。

随着高等教育大众化，高等教育的扩张导致了高等教育部门和其他教育部门之间、高等教育知识和通俗知识之间边界的模糊。高等教育的目标也有所改变，政府的政策日益强调高等教育的职业功能，提倡根据高等教育的角色和它的研究功能为职业和工商业提供合格的学生，这就意味着降低了高等教育其他方面的作用，其中包括个人理智和能力的全面发展。事实上，高等教育大众化所带来的高等教育体系上的变化是全方位的，在高等教育观、高等教育的功能、教育的内容与课程、教学形式与师生关系、学生的就学方式、教育机构的特点和界限、院校规模和特点、领导与决策、学术标准、入学选拔原则等诸多方面表现出与精英型和普及化高等教育阶段不同的制度特点。详见表 6 所示：

表6　高等教育不同发展阶段制度特征比较

	精英型阶段	大众化阶段	普及化阶段
毛入学率	15% 以下	15%～50%	50% 以上
高等教育观	被认为是少数人的特权	被认为是有资格者的权利	被认为是一种义务
高等教育的功能	培养学术精英和统治阶层	培养更广泛的精英，包括所有技术和经济组织的领导阶层，重点是技术英才	为发达工业社会大多数人的生活作准备
教育内容与课程	高度结构化和专门化（必修制、学年制）	模块化、半结构化，灵活性，学分制	仍有模块课程，非结构化，课程之间的界限打破

---

① Tony Becher &Paul R. Trowler. *Academic Tribes and territories*: *Intellectual Enquiry and the Culture of Disciplines*. The Society for Research into HE &Open University Press，2001，p. 4.

续表

	精英型阶段	大众化阶段	普及化阶段
教学形式与师生关系	重师承关系的导师制，个别指导或讨论式教学	师承关系弱化，以课堂教授为主，辅之以讨论式教学	形式更加多元化，更多地运用现代教育技术和手段
学生的就学方式	中学毕业后直接进入大学，住校且连续学习取得学位，辍学率低	多数学生中学毕业后直接进入大学，入学更容易，水平参差不齐，辍学率较高，住校与走读结合	延迟入学现象较普遍，时学时辍者增加，多数学生有就业经历，大部分走读
教育机构的特点和界限	共同标准，高度统一性和相似性	标准多样化，更具综合性	无共同标准，更加多样化
院校规模和特点	校均规模约 2000～3000 人，学术小社会	师生总数达 3 万～4 万人，住读和走读相结合的大学城	规模不受限制，教学时才集中，联系松散
领导与决策	少数英才决策	决策程序更民主并受相关利益集团的影响	公众及各种利益集团更多地介入决策
学术标准	共同的、较高的标准	标准相对多样化	标准更加多样化
入学选拔原则	选拔性的（以中等学校的成绩或高考成绩来选拔）	准选拔性的（成绩标准加非学术标准）	非选拔性的（对有升学愿望和资格的所有人开放）
学校管理形式	学术人员兼任行政职务，选举或任命制，任期制	主要由专业管理人员承担	高度专业化的管理人员大量出现
学校内部管理	教授治校，元老教授垄断管理	中青年教职员和学生参与管理	广泛的民主参与
高校与社会的分界	界限分明，封闭的大学	界限淡薄，开放的大学	界限消失，大学和社会一体化

资料来源：国家教育发展研究中心：《2000 年中国教育绿皮书》，教育科学出版社 2000 年版，第 86 页。

面对高等教育从精英阶段到大众化阶段的根本性转变，一般学者都会竭力保持和依恋来自过去的价值和实践——精英或"前现代"价值以及源自于以学术身份和专业主义为内涵、以学科为主导的各种专业化、劳动分化和院校自治模式。① 但无论如何，高等教育大众化毕竟以其不可抗拒的趋势影响着大学的学科文化，主要表现在两个方面：

高等教育大众化对大学学科文化的影响之一就是学科多样化。从系统范围的视角来看，近年来学术生活已经分化成比以前更小更具差异性的世界。为了适应学术生活的多样化，学科也变得日益多样化。如 20 世纪 60 年代和 70 年代的生物科学不断分化成许多亚学科领域，在同一所大学里出现了多个这种亚领域的独立的系科，如美国加利福尼亚大学洛杉矶分校（UCLA）就存在与生物科学有关的五个独立的系科——生物学系、微生物学系、微生物学和免疫学系、生物数学系以及生物化学系。其中的生物学系涉及动物行为、光合作用和神经生物学等 30 多个领域，这些领域都拥有博士学位的授予权。物理学是另一种理论成熟的学科，虽然它一般仍然存在于大学的一个系科之中，但也拥有较为宽泛而众多的可授予博士学位的亚领域，包括基本粒子学、核物理学、等离子体和天体物理学、固态物理学、声学以及光谱学等。这些领域还可以进一步再分，例如基本粒子物理学家又可以划分成研究自然粒子的宇宙光物理学家和研究加速器的高能物理学家两大阵营。化学也是如此，它拥有像有机化学、无机化学和物理化学这样主要的亚领域。当然，这种学科的内部专业化导致的学科多样化现象不仅仅发生在自然科学领域。在美国，大学系科中的历史学家通常把自己主要归为研究美国历史和研究欧洲历史两大类。随着他们研究的深入和系科中教职的增多，他们中出现了研究古代史、日本史、科学史以及宗教史的历史学家。有的通常成为专攻某一方面的专家，如他们可能仅仅研究美国西部史或 19 世纪法国史。同样，教育研究是一门不成熟的软学科，但到 20 世纪 80 年代它的亚学科领域已经超过了 12 种，范围涉及到"早期教育"、"特殊教育"、"教育管理"和"教育经济"等诸多领域。

学科的多样化有着多种表现，哈提维（N. Hativa）和马林科维奇（M. Marincovich）对教育学和其他学科之间的联系作了深入的研究后发现，教学行为随着学科的变化而变化；学者对其学科的理解直接影响他们从事教学的方法并且不同学科有所变化；不同学科的学者对教育目标——知识获得、知识运用和知识整合强调的重点不同，在硬学科中的学者强调知识的运用，在无生

① M. Henkel. Academic Values and the University as Corporate Enterprise. *Higher Education Quarterly*, 1997. 51（2），p. 142.

命系统的软学科领域学者比硬学科领域的学者更多地强调知识的获得和知识的整合，而在生命系统的硬学科和软学科领域对知识的获得和知识的整合给予了同等的重视。但是在有些学术学科中的学者却继续强调知识的简单传授。伊利乔克（O. H. Ylijoki）通过对计算机科学、图书馆学和信息科学、公共行政学、社会学以及社会心理学的研究发现，这些学科对发展学生的"道德律"（moral orders）是不同的，而促使学生社会化的"道德律"是学科文化的一个重要维度。① 他的研究结果对质量评估和大学教学的发展产生了巨大的影响。

学科多样化的差异还包括了学者对学生进行评价的方法不同。一般而言，在硬纯学科领域大多采用简短的答卷和多项选择的问题对学生进行评价，而在软纯学科领域则采用更为开放性的连续性评价、长篇的论文式问题或有时采取口头的形式进行评价。另外，在学生偏爱的学习技能方面也存在学科差异，硬纯学科领域的课程要求学生运用可靠的事实和数据解决问题，学生个人的见解几乎没有多大的作用。然而，对研究软纯学科领域中的课程如文学的学生而言，个人见解以及写作风格是解释问题的一个重要组成部分。②

高等教育的大众化对大学学科文化的影响之二就是学者的日益分层。随着高等教育的大众化，后福特主义雇佣模式已经导致永久性工作职位变得更少，兼职教师增多。伯顿·R·克拉克对结构分化背景下学术专业的情况进行了详细的探究，我们可以从他的研究结果中看出一些明显的变化：劳动分化日益僵化、雇佣条件更为多变、雇佣合同及其作用更为分化以及责任领域的界定更为严密等。因为管理弹性的需要，出现了更多的内部等级和分工而使学者日益分层。正如托尼·比彻所说，学术生活一个引人注目的特征就是几乎所有方面都以或多或少微妙的方式进行分层。学者们都很清楚他们学科中最有声望的期刊的等级差别、院校和系科级别高低的顺序以及学者个人或明或暗的持续分等。③

学者的日益分层还表现在不同学科领域中学者分布的差异。美国卡内基教

---

① O. H. Ylijoki. Disciplinary Cultures and the Moral Order of Studying. *Higher Education*, 2000. 39, pp. 339~362.

② J. C. Smart and C. A. Ettington. Disciplinary institutional differences in undergraduate education goals, in N. Hativa and M. Marincovich (eds). *Disciplinary Differences in Teaching and Learning: Implications for Practice*. San Francisco, CA: Jossey-Bass. 1989. 141~145.

③ Tony Becher &Paul R. Trowler. *Academic Tribes and territories: Intellectual Enquiry and the Culture of Disciplines*. The Society for Research into HE &Open University Press, 2001. 81.

学促进基金会于 1984 年对全国教职分四大学科和两大专业领域进行了调查（调查中不包括兼职教职和 500 所专业学院的教职），调查中所划分的这四大学科和两大专业领域是物理科学、生物科学、社会科学、人文学科、硬专业领域和软专业领域。其调查数据表明：在物理科学领域，教授职位的比例占 13%，其中数学家和统计学家的数目已经达到了 30，000 人，化学家超过了 18，000 人。在社会科学领域，教授职位的比例大概为 13%，其中心理学和经济学教授大概分别为 25，000 人和 15，000 人。在人文学科领域，教授职位的比例是 17%，英语是最主要的学科领域，拥有教授多达 50，000 到 60，000 人。所有硬专业领域和软专业领域的教授大概占所有教授比例的一半，其中 20% 在硬专业领域，其余 30% 在软专业领域。教授职位的比例最少的学科领域是生物科学领域，其比例仅为 7%。① 具体情况详见表 7 所示：

表 7　美国教职的学科分布②

学科或专业领域	教授职位的比例（%）	学科或专业领域	教授职位的比例（%）
物理科学	13	生物科学	7
数学和统计学		生物学	
化学		生理学和解剖学	
物理学		细菌学、分子生物学	
地球科学		病毒学和微生物学	
其他		生物化学	
		动物学	
		植物学	
		其他	
社会科学	13	人文学科	17
心理学		英语语言与文学	
社会学		外国语言与文学	

① Burton R. Clark. *The Academic Life*：*Small World*，*Different Worlds*. The Carnegie Foundation for the Advancement of Teaching. Princeton，New Jersey，1987. 38.

② Burton R. Clark. *The Academic Life*：*Small World*，*Different Worlds*. The Carnegie Foundation for the Advancement of Teaching. Princeton，New Jersey，1987，pp. 39～40.

续表

学科或专业领域	教授职位的比例(%)	学科或专业领域	教授职位的比例(%)
经济学		历史学	
政治科学		哲学	
人类学和考古学		其他	
		地理学	
		其他	
"硬"专业领域	20	"软"专业领域	30
工程和工艺美术		教育	
农业和林学		商业和管理	
医学		文科	
护理		健康教育	
牙医学		家庭经济学	
其他健康领域		法律	
建筑和设计		新闻学	
职业的和技术的		宗教和神学	
		社会工作	
		图书馆学	

从上表中我们可以看出，随着高等教育的大众化，学者在学科领域中分布的总趋势是传统学科如物理科学和生物科学等学者减少，而一些新兴专业领域如工程和工艺美术、护理、新闻学以及社会工作等学者增加，占了全部学者总数的一半。这种学者在学科中分布的差异性导致了学者的日益分层。

（三）高等教育市场化

"市场化"是指运用"私有领域"或"市场"的概念、原则和方法去运营公共事业和公共部门，从而使公共服务更能适用市场的需要。① 20 世纪 80 年代以来，世界各国的高等教育都经历了程度不一的市场化，政府放松管制，

---

① P. Aucoin. Administrative Reform in Public Management: paradigms, Principles, paradoxes and pendulums. *Governance*, 1990. （3），pp. 115 ~ 137.

将市场逻辑引入高等教育，让竞争与价格机制引导高等教育机构应对市场的需求。国家与市场之间由"小市场与大国家"转向"大市场与小国家"，国家与高等教育之间的关系也由"政府控制模式"走向"政府监督模式"。虽然大学从政府手中获得了较大的自主权，但市场机制却成了大学难以摆脱的束缚，对大学的经费、管理及评价等方面产生了深远的影响。经费来源多元化、使用者付费、创业精神、管理主义、质量与绩效等概念成为现代高等教育中使用的高频词和最高指导原则。斯劳特和莱斯利（S. Slaughter and L. L. Leslie）则用"学术资本主义"（academic capitalism）来形容市场力量对高等教育的渗透。①高等教育市场化主要表现在以下三个方面②：

① 减少国家（政府）对高等教育经费投资比例，增加非国家（包括市场、家庭和个人等）对高等教育的投资；

② 强化高等教育与经济部门的联系，密切大学与工商界的关系；

③ 重视私立（民办）高等教育机构的作用。

我们在讨论高等教育市场化时，主要是指运用市场价值（策略）来运营和管理高等教育。因此，市场化高等教育体系呈现出以下基本特征③：

① 系统管制规定的撤消、大学垄断地位的消除和出现新的竞争对手的威胁（主要包括全球范围内的私人工业和信息技术）；

②"顾客"的权力增大：学生、雇主和政府扮演核心买主；

③ 竞争者之间竞争增大。

香港莫家豪教授则通过比较各种有关高等教育市场化发展的趋势后总结了高等教育市场化的八大特点：①自负盈亏原则；②市场的兴起；③国家作为教育提供者的角色减弱；④市场管理原则的采纳；⑤市场主导课程；⑥院校创收；⑦内部竞争；⑧强调效益。④

1983 年伯顿·R·克拉克把美国、英国等国的高等教育主要控制力量描绘成一个三角形，并把不同国家在三角形中所处的位置进行了大致的定位，详见

① S. Slaughter and L. L. Leslie. *Academic Capitalism：Politics，Policies and the Entrepreneurial University.* Baltimore，MD：Johns Hopkins University Press，1997，p. 8.

② 黄晓霞等：《高等教育市场化》，北京大学出版社 2004 年版，第 39 页。

③ D. Dill and B. Sporn. *Emerging Patterns of Social Demand and University Reform：Through a Glass Darkly.* Oxford：IAU Press/Elsevier，1995，pp. 1～19.

④ 黄晓霞等：《高等教育市场化》，北京大学出版社 2004 年版，第 39～40 页。

图 6 所示。①

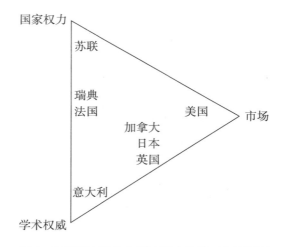

图 6　高等教育系统主要控制力量的三角协调图

在这个三角协调图中，多数国家的高教系统的大部分公开活动位于三角形中点的左边：公开的战斗是在国家官员和教授之间展开。市场或者不被看作一种协调的形式，或者被看作产生不可靠的和不良的结果。②

但近年来，由于知识的市场化趋势日显，英美等国的高等教育都朝向市场方向移动，或者更为精确地说，正处于这个三角形中的准市场的位置。美国的政策和法规在思想观念上发生了改变，即把公共利益的定义从为保护公共组织不进入市场而得到最好的服务转变为最好的服务是通过公共组织参与商业活动而实现的。③ 英国大学在从"学术权威"或"学院特征"走向具有一定政府干预的市场体系的路比美国要长。英国学生自 1998 年缴纳学费上学以来已经从"等待中的消费者"身份（consumers in waiting）走向正式的消费者身份。他们处于"世界最大的单一市场"——欧洲共同体之中，这意味着学生可以自由地横跨欧洲高等教育网络，出现了一种明显走向"学术资本主义"的运动，即在院校层面和学术人员层面市场性行为变得普遍。有些院校（但并非

　　①　［美］伯顿·R·克拉克著、王承绪等译：《高等教育系统——学术组织的跨国研究》，杭州大学出版社 1994 年版，第 159 页。

　　②　同上书第 161 页。

　　③　S. Slaughter and G. Rhoades. Changes in Intellectual Property Statutes and Policies of a Public University：Revising the Terms of Academic Labor. *Higher Education*，1993. 26（3），p. 287.

所有的院校）正变得更为企业化和越来越少的依赖政府的拨款，"追逐美元（或欧元）"成为这类院校日益重要的学术职责，这种情况至少在一些学科和专业层次上如此。米勒（Henry D. R. Miller）认为，自 1982 年以来，加拿大、澳大利亚和英国在不同程度上向市场和国家控制方向靠近。他借助伯顿·R·克拉克的三角形理论，将各主要国家高等教育力量的变化用一个三角形和箭头加以表示。如图 7 所示：①

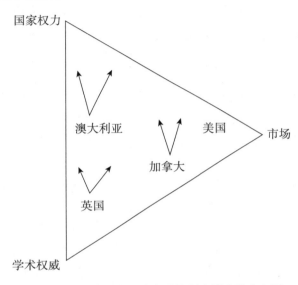

图7　米勒高等教育系统主要控制力量变化方向图

以上图中箭头代表各国自 1982 年以来高等教育系统主要控制力量变化的方向和程度，以及在国家和市场之间压力和方向摇摆的程度。除了美国仍然稳居于市场的一端外，英国、加拿大和澳大利亚三个国家都在国家控制和市场之间摇摆，并逐渐远离学术权威控制的一端。三个国家的高等教育市场化趋势非常明显，这时大学中最流行的文化就是日益增加的市场的定向和推力。米勒以英国一大学为例阐述了三个国家的市场化特征："大学在有关课程的发展和研究的动力方面有着强烈的市场定向，这已经体现在发布各种市场战略的院校组织之中，已经在学校内部非常盛行，并得到了院长、系主任、研究中心主任以

① Henry D. R. Miller. *The Management of Change in Universities.* The Society for Research into Higher Education & Open University Press，1995，p. 71.

及高级课程导师等各个层次领导和管理人员的赞同，虽然有少数学术人员持有不同看法，但也只是私下而非公开地表达他们的意见。"①

高等教育市场化的一个突出表现就是工业在大学发展中的地位日增，迈克尔·吉本斯（Michael Gibbons）等在较宽泛的程度上描述了这种动态的变化，认为私人工业在大学的技术发展和开发方面赢得了优势。②

高等教育市场化对大学学科文化产生了巨大的影响，主要表现在以下几个方面：

首先，知识生产方式发生转变，学科文化中的商业化倾向日益明显。迈克尔·吉本斯认为，随着高等教育市场化，知识生产方式已经从传统的生产第一类知识的模式I转向生产第二类知识的模式II。模式I的第一类知识主要受传统的学科结构限制、以知识本身为目的，它有五大基本特征：①知识生产一般是在由学者社团自身控制的环境中进行；②知识生产一般以单一学科为基础；③知识生产具有高度的同质性；④知识生产仅关注同行评价，常常主要以科学生产上的优异作为质量控制的基本标准；⑤知识生产强调个人的创造力。而模式II的第二类知识不同于第一类知识，它是一种跨学科的、以问题为取向和知识应用为目的的知识。这种知识也具有相应的五大特征：①知识在应用中产生；②跨学科成为标准；③异质性和组织多样性的普遍存在；④社会责任感的增强；⑤质量控制体系更为宽泛。③ 这种第二类知识对于学者社团尤为重要，它能更多的聚集多领域的学者在一个以应用为导向的复杂环境中一起工作。第二类知识的自然发源地在大学之外，知识生产是在"大学—工业—政府"所构成的三重螺旋结构中进行的，④ 其结果导致大学对技术科学知识的生产和研究日益重视并得到了快速发展，知识成了能够用模块状传递和购买的"商

①　Henry D. R. Miller. *The Management of Change in Uiversities*. The Society for Research into Higher Education & Open University Press, 1995, p. 74.

②　Michael Gibbons. Development of Science and Basic Research: the Implications of Mode 2 Science, in H. Etzkowitz and L. Leydesdorff (eds). *Universities and the Global Knowledge Economy: A Triple Helix of University—Industry—Government Relations*. London: Printer, 1997, pp. 90 ~ 104.

③　M. Gibbons, C. Limoges, H. Nowotny, S. Schwartman, P. Scott and M. Trow. The New Production of Knowledge: the dynamics of science and research in contemporary societies, in MerlenJacob and Tomas Hellstrom (ed.). *The Future of Knowledge Production in the Academy*. The Society for Research into HE and Open University Press, 2000, pp. 14 ~ 21.

④　Michael Gibbons. Development of Science and Basic Research: the Implications of Mode 2 Science, in H. Etzkowitz and L. Leydesdorff (eds). *Universities and the Global Knowledge Economy: A Triple Helix of University—Industry—Government Relations*. London: Printer, 1997, pp. 90 ~ 104.

品"，学术成果成了货币单位。① 在这样的背景下，学者被看作是学术成果可交换的传递者而不是唯一作出贡献的学科专家，学者的功利心态越来越重，商业化倾向在学科文化中愈演愈烈。从此，学者面临着学科忠诚和市场忠诚两种不同价值观念的煎熬。

其次，高等教育市场化进一步加剧了学科发展的不平衡和学科地位的日益分层。无论学科的起源如何，新的学科的出现必须面对一定的竞争压力，如果一个新的学科被看作是对既定利益的威胁或者是可获资源的竞争对手，那么它的发展就有可能受阻。无论是新学科还是老学科，知识的市场化加剧了学科间的竞争，因此，从一个特殊的社会学角度来看，学科为了争夺权力和地位而处于持续的达尔文式的竞争之中，其中学科中最硬的学科和最具适应能力的学科将会繁荣，而弱小学科将被挤出边缘而逐渐衰竭。这种竞争在很大程度上是由外部经济支撑的，个别学科的权力日益依赖于其对经济的贡献。与经济发展相关的学科日益繁荣，如硬应用学科领域中的计算机、电信、电子学、高级材料、人工智能、生物技术等技术科学发展很快，成为各大学新增学科和专业的主要成员，而软纯学科领域中的历史、人类学、考古学等人文和纯社会科学却日益遭受冷落。为了增加比较优势和竞争能力达到地位等级的提升，各种学科会采取一些策略和措施树立良好的学科形象，很多学科甚至会对其发展历史、目标定位予以修改或进行精心的全新诠释，从而增加对学生的吸引力。有的学科则通过更改名称的文字游戏来提高其地位，如大量的植物学已经更名为植物科学；功能生态学已经获得了一个更有力的名称——生物力学；数学中也出现了类似情况，以前称自己为分析学家的学者后来接受了经典分析学家的名称，接着又变为功能分析学家，现在成了硬分析学家（hard analysts）；作为应用研究的护理学也使用了新的名字——护理保健、保健研究等。学科名称术语的改变标志着有关知识形式关注焦点的潜在变化，在既定学科中术语的变化涉及到认识论本质及其范式的相应改变。②

伯顿·R·克拉克认为，一般而言，在学术世界里，硬学科被认为地位高于软学科，纯学科地位高于应用学科，这就意味着生物化学和物理学的研究比

① P. Trowler. *Academics Responding to Change*：*New Higher Education Frameworks and Academic Cultures*. Buckingham：SRHE/Open University Press，1998，p. 68.

② Tony Becher &Paul R. Trowler. *Academic Tribes and territories*：*Intellectual Enquiry and the Culture of Disciplines*. The Society for Research into HE &Open University Press，2001，pp. 172～174.

教育和社会工作的研究具有更大的敬慕感。他进而把拥有等级差别的学科划分为上倾性学科（upward-tilting discipline）和下倾性学科（downward-tilting discipline）两大类，其中上倾性学科大多集中在研究型大学，以强调研究和知识发展为目标；下倾性学科大多集中在四年制学院和社区学院，以教学和知识的传播为主要任务。如生物学是上倾性学科，而英语则属于下倾性学科。① 在研究型大学中从事上倾性学科的学者在学术地位上往往高于在教学型和社区学院中从事下倾性学科的学者。学科的这种等级地位会进而影响到以学科为基础的各系科乃至院校组织的相对地位。"通常而言，物理学系一般具有比语言学系更大的影响力，而且一个系科是否是以其自身学科为基础也关系重大：一流的系科赢得了广泛认同的基础，而那些学科基础不大明确的系科将容易受到其他系科教授的涉猎和行政人员的蓄意的干预。这种滚雪球式的影响或许是有益的，或许是有害的：以高声誉学科为基础的高级系科为其自主决策提供了双倍的权力基础。"②

（四）大学中的管理主义

一般而言，高等教育走向大众化和普及化的扩张都要求公共经费的比例要得到相应稳定的增长，而公共经费的增加使高等教育的质量日益成为公众关注的焦点。如在英国，1976～1996 年的 20 年间高等教育经费增加了 45%，这样，越来越多的州日益关心高等教育的质量问题，从而导致对大学事务的干预。正如英国质量保证署（QAA）指出：当高等教育系统规模较小并且对公共经费要求比较少的时候，依靠隐含的、共有的规则和非正式网络及程序来进行质量保证也许是可能和足够的。但是随着高等教育机构和学生数目的快速增长、高等教育目标的相应扩大以及对公共经费需求的显著增加，必须采用更为系统的管理方法已经成为时代的必然。③

这种变化日益强调大学的社会责任感及其经济与效率，势必威胁着高等教育的特殊地位和学术自治。英国的"研究透明活动"（The Research Transparency Exercise）进一步扩大了高等教育管理者的监督职责，要求大学对其职员花费在不同活动上的时间进行量化。这就意味着高等教育管理者已经开始参考

---

① Burton R. Clark. *The Academic Life：Small World，Different Worlds.* The Carnegie Foundation for the Advancement of Teaching. Princeton，New Jersey，1987，p. 44.

② 同上书第 169 页。

③ QAA. *Quality Assursnce in UK Higher Education：A Brief Guide.* Gloucester：QAA. 1998，pp. 6～7.

这种"评价"和"监督"的指标。① 另一方面，学生经费发生急剧削减：虽然在 1976～1996 年 20 年间英国高等教育经费增加了 45%，但每位学生经费减少了 40%，同时教职工资也有相当程度的下降并且较少能够得到安全而长期的学术职位。② 1988 年英国《教育改革法》破坏了终身教职制并且在 1992 年大学的自我管理遭到了严重威胁。学者普遍认为多科技术学院地位的提升、1992 年双轨制的废除是英国大学发展史上的一种退步。③ 这样，当来自国家的经费开始削减时，大学开始在其他地方寻求经费来源，在 1980～1991 年间，英国大学经费来源中来自私人经费的比例上升，从 10% 增加到 20%。④ 英国公共经费的"招投标"体系也同样得到日益重视，政府财政拨款与高等教育的具体绩效紧密挂钩，这是新管理主义在高等教育中运用的一个方面。⑤

在美国也出现了同样的情形——政府干预的加强和基本经费的减少。州一级的干预增大，大部分州在实施政策时都对学术质量加以控制。在联邦政府层面成立了"国家中学后评估机构"（State Postsecondary Review Entities，SPRES），这标志着高等教育的政府控制进入了一个新阶段。⑥ 麦金尼斯（McGuinness）揭示了开始于 1990 年的美国财政危机对高等教育的影响，州政府从承担提供高等教育增长的大部分经费的作用中退缩，并且对大学施加了大量的限制。自 20 世纪 70 年代中期以来，美国对高等教育提供的经费已经不足，1987～1992 年间每个全日制学生的州拨款下降了 13%。⑦

① G. Neave. The Stirring of the Prince and the Silence of the Lambs, in H. Etzkowitz and L. Leydesdorff (eds). *Universities and the Global Knowledge Economy*: *A Triple Helix of University—Industry—Government Relations*. London: Printer, 1997, pp. 54～72.

② Tony Becher &Paul R. Trowler. *Academic Tribes and territories*: *Intellectual Enquiry and the Culture of Disciplines*. The Society for Research into HE &Open University Press, 2001, p. 6.

③ S. Slaughter and L. L. Leslie. *Academic Capitalism*: *Politics, Policies and the Entrepreneurial University*. Baltimore, MD: Johns Hopkins University Press, 1997, p. 43.

④ G. Williams. The Marketization of HE: reforms and potential reforms in HE finance, in D. Dill and B. Sporn (eds). *Emerging Patterns of Social Demand and University Reform*: *Through a Glass Darkly*. Oxford: IAU Press/Elsevier, 1995, p. 181.

⑤ B. Martin and J. Irvine. Government Spending: trends in government spending on academic and related research. An international comparision. *Science and Public Policy*, 1992. 19, pp. 311～319.

⑥ D. Dill and B. Sporn. *Emerging Patterns of Social Demand and University Reform*: *Through a Glass Darkly*. Oxford: IAU Press/Elsevier, 1995, p. 6.

⑦ A. C. McGuinness. The Changing Relationships Between the States and Universities in the United States. Higher Education Management, 1995. 7 (3), pp. 263～279.

针对这种情况，大学中出现了管理主义的思潮。"管理主义"是个比较松散的概念，它可以指代一种试图取代传统公共行政学的管理理论，一种新的公共行为模式或在当代西方公共行政领域持续进行的改革运动。它起源于英美等国并迅速扩展到其他西方国家，管理主义拥有大量的变式，包括新泰勒主义、公共服务导向、公共管理方法、文化途径、新公共管理和新管理主义等。管理主义包括了一套有关社会安排、资源管理和分配的价值和信仰框架，它为管理者和领导者的行为提供了指南和辩护。

国际经济合作与发展组织（OECD）1999年度公共管理发展报告《转变中的治理》把管理主义的特征概括为八个方面：①转移权威，提供灵活性；②保证绩效、控制和责任制；③发展竞争和选择；④提供灵活性；⑤改善人力资源管理；⑥优化信息技术；⑦改善管制质量；⑧加强中央指导职能。① 简言之，管理主义就是采用商业管理的理论、方法和技术，引入市场竞争机制从而提高公共管理水平及公共服务质量的一种理念。管理主义理念在大学中的推广和运用，反映了当代商业运作模式和私营化的思想与价值观在高等教育机构中的渗透和影响。哈特利（D. Hartley）把管理主义的一些主要原则概括为如下几个方面：②

① 顾客和市场间存在着一种强烈的定向作用，至少在管理者使用的语言方面如此；

② 强调用高层管理的权力去导致整体的变化，用合法的权力去改变文化、结构和进程；

③ 尽管管理主义者主张通过在严格界限内责任的授权代理、教职和成本的慎重管理以及鼓励内部竞争等方式实施控制，但变革的管理主要还是一种自上而下的活动；

④ 在教育方面，原子的、机械的和明确的概念化知识和学问被采用。

可见，管理主义是对效率、经济和市场的回应，它带来了一系列组织体系上的变革，如建立内部市场和成本中心，鼓励竞争，注重3E即经济（economy）、效率（efficiency）和效果（effect）等。管理主义使高等教育机构的运

---

① 赵景来：《新公共管理若干问题研究综述》，《国家行政学院学报》2001年第5期，第72页。

② D. Hartley. Ideology and Organisational Behaviour. *International Studies of Management and Organisation*, 1983. 13 (3), pp. 26 ~ 27.

作机制更像私营的营利部门，而寻求新的资金来源又可以弥补因政府对高等教育投入减少而产生的经费不足的现象。

但同时，管理主义也存在明显的负面影响，管理主义的价值渗透和干预对大学学科文化的影响突出表现在对学术自由的侵犯和对学者创造力的扼制。

学术自由是西方学术界一种古老的理念，现已成为世界各国高等教育的重要理念，英国《简明不列颠百科全书》把学术自由定义为"教师和学生不受法律、学校各种规定的限制或公众压力的不合理的干扰而进行讲课、学习、探求知识及研究的自由。"美国《大美百科全书》认为学术自由是"指教师的教学与学生的学习，有不受不合理干扰和限制的权利。包括讲学自由、出版自由及信仰自由。"从两国关于学术自由的界定中，可以得出：①学术自由适用环境主要是大学的学术活动；②学术自由的主体是大学教师和学生；③学术自由的范围（客体）主要是教学自由、学习自由和研究自由；④学术自由的目的是排除外界不合理干扰，潜心教学和科研，从而服务于社会。简言之，学术自由就是学术活动不受外界不合理的干扰和限制。

伯顿·R·克拉克认为学术自由对不同学科和机构等级的大多数学者来说是一种图腾（totem）。他通过对美国不同机构和学科的学者进行访谈后发现，不同机构和学科的学者对学术自由的看法存在一定的差异。在研究型大学中的一位物理学教授认为，学术自由意味着两点：一是可以按照自己所喜欢的去工作；二是只要不违法就可以在社区中自由地发表自己的意见，并且不会因此而影响自己的工作。一位政治科学教授认为，学术自由是至关重要的，没有它就不能从事教学和研究，他不会在学术自由处于危险之中的机构中工作。而另一位生物学教授则把学术自由看作是大学的必要条件，认为学术自由是大学成其为大学的本质所在，在学术活动中我们应该用无偏见和无约束的判断力服务社会。可见，对于研究型大学的教职来说，学术自由就意味着研究自由。

但当机构环境从研究型大学转向教学型大学的时候，学术自由的重点就会从研究自由转向教学自由。正如一位教学型大学的英语教授所说，学术自由意味着可以自由地选择自己的教学材料，可以自由地表述自己所认为的真理，并且在课堂上不必检查和删减自己的教学材料或思想。一位文理学院的物理学教授认为，学术自由就是在课堂上能够自由地讨论科学的真理，能够公开谈论这些理论而不必担心任何后果。

同样，学术自由也存在显著的学科差异，物理学家非常自信："在物理学中，牛顿定律就是牛顿定律。"生物学家通常也很自信，但这种自信往往不如物理学家，如在 20 世纪 80 年代美国中西部和南部各州中的二三流学院里，有些生物学家却对挑战科学进化理论的"创世论"发生了兴趣。在社会科学和人文学科中学术自由面临的问题可能更为明显，正如一位社区学院的生物学家所言，在社会科学和人文学科中的学科材料可能更为易变，因为这些领域中存在着较大的政治干预。政治科学领域的学者对学术自由的政治干预特别敏感，最为典型的事例是 20 世纪 50 年代许多学者所经历的有关忠诚宣誓的痛苦经历——臭名昭著的麦卡锡主义恶行。①

从历史的角度看，对学术自由的外部干预在学术专业最早创建时就一直存在，但近年来对学术自由的侵犯显著增强，其中经济方面的经费来源问题是主要因素。正如吉本斯所预言"科学作为一种商品，将被那些分配研究资源的人为了他们自身的目的所控制。"② 威尔莫特（H. Willmott）则指出大学环境中文化组合主义的危害并认为试图强加管理主义的一元文化会有效地扼杀学术创造力。③ 普里查德（C. Prichard）引用了他所采访的一位高等教育管理者的话说明了"容忍"学术多样化的必要性："在我看来，如果想成为重要的研究型大学，必须拥有一些像院长委员会和比较多的系科自治的评议会这样凌乱的传统结构，必须容忍一定的混沌和无政府主义的存在。"④

实际上，高等教育系统的有序和无序是普遍存在的，这种有序和无序，其实质就是混沌。"高等教育系统既不断地产生五花八门的形式，又不断地实施有条不紊的操作。这种有序和无序相互作用，相互激励。高等教育组织形式在一定程度上依靠产生并维持反变革的倾向来限制变化。或许，变化与反变化的矛盾对于适应机制来说是必不可少的，因为一个适于应变的体制正是靠着无序

① Burton R. Clark. *The Academic Life：Small World，Different Worlds.* The Carnegie Foundation for the Advancement of Teaching. Princeton，New Jersey，1987，pp. 134 ~ 138.

② M. Gibbons. Introduction，in M. Gibbons and B. Wittrock（eds）*Science as a Commodity.* Harlow：Longman，1985，p. 2.

③ H. Willmott. Strength is Ignorance；Slavery is Freedom：managing culture in modern organizations. *Journal of Management Studies*，1993. 30（4），pp. 515 ~ 552.

④ C. Prichard. *Making Managers in Universities and Colleges.* Buckingham：SRHE/Open University Press，2000，p. 137.

和有序之间的对立，才免于一成不变的。"① 从而也印证了詹姆斯·马奇（James March）和他的同事们在 20 世纪 70 年代关于高等教育系统是"有组织的无政府状态"的经典论述。

专业知识具有内在权威性是支持学术自由的一种有力的解释，然而，外部力量的大量卷入和干预研究活动必然造成对学者的损害。罗思布拉特（S. Rothblatt）指出，外部力量的干预使学者在他们进行自我管理、提出问题、决定研究事项等方面面临挑战。温特（R. Winter）则通过对 8 所澳大利亚大学的 2630 位学者进行调查后发现，高等教育系统的大规模改革，包括那些可以归纳为管理主义的改革都产生了重大的影响，为了减少成本，大学已经采纳了阻滞、精简、外购等政策，这些政策确实达到了节省的目的。但是在重要的人力资源成本方面，管理主义所带来的不利后果可能是学者对其机构的奉献水平降低，而这种低水平的奉献最终导致了机构组织的僵硬和演变为对学者创造力文化的扼制。②

三、大学学科文化的发展前景

通过以上对大学学科文化本质的逻辑梳理和后工业时代高等教育的发展及其对大学学科文化的影响的分析和阐述，笔者认为大学学科文化在其本原、载体和主体等方面发生了新的变化，这种发展变化的前景可以大致概括为以下三大方面：

（一）作为学科文化本原的知识日益增长和分化，知识的经济属性日盛而导致学科文化中的商业化色彩明显

知识的增长和发展是通过世世代代累积而实现的，但这个累积的过程并非均衡发展，它受到众多因素的影响和制约。20 世纪 50 年代以来，随着后工业时代的到来，知识呈现出爆炸性增长并不断分化的特点。知识的日益增长和分化也导致了学科的实质性增长，我们可以从大学系科数目的增多、高等教育课程种类的变化和增加、学科协会的激增、期刊和论文出版发表的爆炸性增长以

① 伯顿·R·克拉克著、王承绪等译：《高等教育系统——学术组织的跨国研究》，杭州大学出版社 1994 年版，第 239 页。

② R. Winter. , T. Taylor and J. Sarrors. Trouble at Mill: quality of academic worklife issues within a comprehensive Australian university. *Studies in Higher Education*, 2000. 25 (3), p. 9.

及公认的研究课题和研究群的增加等方面看出这一趋势。

伯顿·R·克拉克通过对德国、英国、法国、美国和日本等五国研究生教育和学术研究的比较研究后发现，五国的学科、专业以及交叉或跨学科科目的数量和种类都在增加。1992 年的《高等教育百科全书》也反映了全部学术成果的巨大膨胀，到 1992 年为止，已经出现数学期刊 1000 多种，涵盖了 62 个主要研究领域和 4500 个亚研究领域；在 1960～1980 年 20 年间出版的历史学著作远远超过了以前所有年份的总和；同样，化学论文在 20 世纪 90 年代中期的 2 年间发表数多于 1900 年以前的所有年份。总体而言，在大多数科学领域中每年成果的增长率为大约 4%～8%。①

在学科协会方面，如美国，在 1800 年以前，仅仅只有 2 个学科性协会，1800～1880 年间仅增加了 10 个协会，但到 19 世纪最后 20 年期间开始剧增，以现代学科为基础的学科协会达到了 27 个，其中包括了美国现代语言学协会（1883 年）、美国历史学协会（1884 年）、美国经济学协会（1885 年）、美国动物学协会（1890 年）、美国物理学协会（1899 年）等。到 20 世纪后学科协会继续稳步增长，到 1985 年时，学科协会的数目已经上升到 150 个。② 详见表 8 所示：

表 8　1985 年以前美国全国性学科协会的发展情况

时间	数量	以 1985 年为基准的百分比
1800 年之前	2	1
1800～1819 年	0	0
1820～1839 年	1	0
1840～1859 年	5	1
1860～1879 年	4	1
1880～1899 年	27	7
1900～1919 年	43	12

① Tony Becher &Paul R. Trowler. *Academic Tribes and territories: Intellectual Enquiry and the Culture of Disciplines.* The Society for Research into HE &Open University Press, 2001, p. 14.

② Burton R. Clark. *The Academic Life: Small World, Different Worlds.* The Carnegie Foundation for the Advancement of Teaching. Princeton, New Jersey, 1987, p. 36.

续表

时间	数量	以 1985 年为基准的百分比
1920 ~ 1939 年	58	16
1940 ~ 1959 年	77	21
1960 ~ 1985 年	150	41
总计	367	100

资料来源：Burton R. Clark. *The Academic Life：Small World，Different Worlds*. The Carnegie Foundation for the Advancement of Teaching. Princeton，New Jersey，1987，p. 37.

随着学科协会的发展，在学科协会结构中逐渐涌现出学术力量的"离心"和"向心"之间的不断竞争，这种竞争的结果常常导致学科协会的分化和分裂。在美国，生物学这门学科大约有 100 多个亚学科协会，如生态学协会、生理学协会、微生物学协会和生物化学协会等等。这些协会都是独立的，但是存在两种主要的伞状组织——美国实验生物学协会联合会和美国生物科学协会。其中美国实验生物学协会联合会拥有 7 个分会，协会成员超过了 20，000 人，成员中拥有 100 多个诺贝尔奖获得者，出版 30 多种科学杂志；而美国生物科学协会的分会多达 30 ~ 40 个。

学科协会的出现和发展，至少在知识交流和学术评价两个方面发挥着全国性乃至国际性功能。因为知识交流是学科协会中学者思想流动的一种方式，是学者交流的主要内容，也是学科协会的主要功能；学术评价一般通过学术会议和专业期刊等方式正式或非正式地设置标准而进行，通过学术会议可以使来自不同院校机构的学科成员展示其新的观点和研究结论，而专业期刊提供了研究成果出版发表的机会。

随着知识的日益增长和分化，知识的经济属性日益明显。到 1996 年经济合作与发展组织（OECD）直接以"以知识为基础的经济"（*The Knowledge-based Economy*）为题作为其年度报告，对知识经济做了系统地阐述并提出知识经济是建立在知识和信息的生产、分配和使用之上的经济，明确赋予了知识在经济中的基础性作用。国内学者吴季松博士则对知识在各种经济中的地位和作用进行了系统的研究，详见表 9 所示：

表9　知识在各种经济形态中的地位与作用①

	知识的积累	知识的应用	生产的要素
原始经济	知识积累很少	少量信息应用于生产	土地、劳动
农业经济	知识积累较多，技术发展	中量信息应用于生产，知识少量地、间接地用于生产，技术用于生产	劳动、土地、资源、知识
工业经济	知识积累很多，科学技术发展	大量信息应用于生产，知识大量地、间接地用于生产，科学技术是生产力	自然资源、资本、知识、劳力
知识经济	知识积累丰富，高科技发展	超量信息应用于生产，知识巨量地、直接地用于生产，科学技术是第一生产力	知识、自然资源、资本、劳力

　　国外学者对知识的经济属性的研究相对更为深入，并提出了一些全新的概念。如美国学者艾兹科维茨（H. Etzkowitz）在其编著的《知识资本化：工业和学术界的新交叉》一书中明确提出"知识资本化"（Capitalizing Knowledge）概念并把学术界和工业之间的联系日益看作是经济增长的一个因素。美国哈佛大学教授刘易斯·布兰斯科姆等主编的《知识产业化：美日两国大学与产业界的纽带》探究了美国和日本在将科学技术成果转化为生产力过程中大学与产业界之间的关系以及知识与产业之间经济运作模式。其实，"知识资本化"和"知识产业化"都是类似的概念，多指大学与工业之间的关系，都意味着把知识转化为商品，使知识经济化。

　　作为学科文化本原的知识逐渐经济化，就无疑造成学科文化的商业化色彩明显，这在应用学科领域表现尤为突出。

　　（二）作为学科文化载体的学科不断交叉与融合，交叉学科增多导致学科部落之间的边界日趋模糊

　　库恩有关范式的理论强调革命是一种变革的方式，科学共同体具有封闭性特征。一门学科的范式对于其中的学者有着一定的规范作用，接受一个范式就意味着学者把自己的兴趣和注意力集中在该范式之中，从而使得学者的研究视野聚焦和变窄。某一学科领域一旦形成它的范式，那么进一步的变化就会完全发生在这个范式的框架之内，这样只有那些以同样方式接受这一范式的学者才能进行有关思想的交流。该学科对外部的影响是完全封闭的，学科领域内的学

---

　　① 吴季松：《知识经济学——理论、实践和应用》，北京科学技术出版社1999年版，第6页。

者被划分为若干小群体，他们有着共同的兴趣，彼此之间进行对话、阅读和引用相互的著作。这也就是比彻所说的"学术部落"。

但由于知识的不断增长和分化等原因而导致了学科也在相应的增长和分化，事实上，没有一个研究领域是和其他领域完全分离的，社会的和思想的联系把知识的不同部分联结起来，并且可以在不同领域之间进行跨越。正如霍尔顿（G. Holton）所说："一个充满生机的研究领域的思想源泉并不局限于狭窄的一系列专业上，而可能是来自最不相同的各个方向。"① 从而导致学者用来描述他们所研究问题的名称也是经常变化的，如物理学家在描述他们学科的主要分支领域时把自己的学科看作是"一个流动的学科，它具有快速变化着的边界，在边界的内部是突然的爆发和消退"。这就表明，"社会圈子"成为描述一个研究领域全部学者所在的社会组织的最好的名词。因为社会圈子的边界很难划定，其全体成员的界限也是很难界定。某一学科研究领域的成员一般是因为他们对于一些问题的研究有着共同的信念而走在一起的。②

对于学科领域交叉融合的可能性及其发生条件，霍尔顿认为是因为这些领域存在某些共用的概念。这些概念可以是操作性的、定量化的，也可以应用于不同领域的研究。这些共用的概念表明在学术界存在一种共同的语言，一般而言，如果一个学者能够在其他领域中找到某些思想的位置，就一定存在有利于这些思想在各领域间进行转移的条件。这些条件包括：信息寻觅；参考引证的分布；专业交叉者；跨学科研究领域和角色交叉者。③

所谓"信息寻觅"，指的是学者在为其研究而寻觅信息过程中所采取的方略。巴克认为学者进行信息寻觅主要采取两种基本方略：一是对特殊类型的信息采取高度定向的寻求；二是在一种宽泛而有界限的领域中进行非定向的寻求。学者一般采取定向的寻求探索自己的领域，通过非定向的寻求与其他领域发生联系，使之知识更为广博而不致于过分专业化。

"参考引证的分布"指的是各种不同的专业杂志中不同论题文章的分布。有关这方面的研究表明，论述任何一个课题的文章有一半集中在一打左右的杂志之中，其余则广泛散见于其他杂志之中。如斯托达特（D. R. Stoddart）关于

---

① G. Holton. Scientific Research and Scholarship: notes toward the design of proper scales. *Daedalus*, 1962. 91, p. 383.

② ［美］黛安娜·克兰著、刘珺珺等译：《无形学院》，华夏出版社1988年版，第12～13页。

③ 同上书第98～99页。

地理学的结构和成长的研究发现，地理学的"主流"一直被认为是由相对少数的重要杂志所组成，而这些杂志的文献通常是分散的、外围的、涉及多知识领域的。①

"专业交叉者"指的是研究一个以上论题并因此与不同领域的学者建立联系的那些学者。在某些学科中，许多学者在一个以上的研究领域中开展研究，维持一个研究领域内部必要的凝聚力的少数多产学者可能会与其他领域中最多产的学者有联系，这也为思想扩散提供了渠道。来自不同学科而正在研究同样问题的学者群体也可能受到彼此研究的影响，他们的兴趣经过一定时间的充分会集就会发展成为一个共同的范式。正如一位经济学家所说："对于研究非市场决策的经济学家来说，与实证的政治科学家或组织理论心理学家进行交流，比与研究增长模型的宏观经济学家进行交流，可能会变得更加容易、更加有趣，并且更加多产。"②

"跨学科研究领域"指的是来自几个学科的学者所研究的那些课题。坎贝尔（Donald. T. Campbell）认为学科领域是一种"部分重叠的邻居"或"鱼鳞"形状分布的，③ 伯顿·R·克拉克也认为在学科间存在一种从中心到边缘的扩散。中心指的是那些最有声望的学科领域，一般是那些自然科学领域以及部分人文学科领域。这些中心学科的影响通过邻近的领域进行辐射，在学术界的亚文化中，从物理学、化学到政治科学和社会学相距甚远，但是作为文化社区，物理学和化学与数学重叠并且与统计学相联系，数学和统计学依次与硬社会科学的经济学和心理学发生重要的联系，经济学和心理学又依次逐渐变为较软学科的政治科学和社会学，而政治科学和社会学又容易渐变为历史学和人文学科的观点。④ 这就说明存在着许多跨学科的研究领域，产生于通信工程领域的有关"香农信息论"的引证问题为跨学科研究领域的存在提供了实证支持。现在一般把美国科学家香农（Claude Elwood Shannon）于 1948 年在《贝尔系

---

① D. R. Stoddart. Growth and Structure of Geographers. *Transactions and Papers of the Institute of British Geographers*, 1967. Publication no. p. 46.

② ［美］黛安娜·克兰著、刘珺珺等译：《无形学院》，华夏出版社 1988 年版，第 100～101 页。

③ Donald. T. Campbell. Ethnocentrism of Disciplines and the Fish-scale Model of Omniscience. In M. Sherif and C. W. Sherif, eds., *Interdisciplinary Relationships in the Social Sciences*. Chicago: Aldine, 1969, pp. 328～348.

④ Burton R. Clark. *The Academic Life: Small World, Different Worlds*. The Carnegie Foundation for the Advancement of Teaching. Princeton, New Jersey, 1987, p. 143.

统技术杂志》（*The Bell System Technical Journal*）发表的《通信的数学理论》看作是信息论正式诞生的标志。它从理论上阐明了通信系统的数学模型和度量概率信息的公式，为概率信息的定量研究提供了理论根据。信息论揭示的规律具有高度的普遍性，在这篇创新的原始论文发表 7 年以后，被迅速应用于生物学、生理学、心理学、物理学、语言学、社会学、统计学、新闻学、经济学等多种不同的学科领域，产生和形成了信息科学。20 世纪 70 年代以来，信息论突破狭义的范围，发展成为一门研究语法、语义、语用信息的科学。

"角色交叉者"指的是那些处于既接触基础研究问题也接触应用研究问题的学者。本—戴维（J. Ben-David）认为，在基础科学、应用科学和技术之间存在着思想扩散。创新经常出自学术的边缘地带，出自那些"角色交叉者"的个人而不是理论家，因为一些重要的发现是由于实际的而非理论的考察而提出来的。① 然而，在对近年来 5 项主要技术创新的发展进行研究的数据表明，科学原始资料引用技术原始资料的占当时的 29%，而技术引用科学的占当时的 14%。单就工程领域来说，其原始资料引用科学的，占当时的 22%。② 可见，基础研究、应用研究和技术之间存在相当多的思想交流，基础科学中某些研究领域的迅速发展和成长是有关应用科学和技术领域创新的结果，同时，应用科学和技术的发展和成长也广泛的依靠基础研究。

我们把凡是突破一个专门学科的原有界限，研究内容或研究方法涉及两门学科以上的比较成熟的研究领域都称之为交叉学科。国内学者孙小礼从研究对象的种种交叉形式考虑，把交叉学科大致分为边缘学科、综合科学和横断学科。③ 早在 19 世纪，恩格斯就以电化学为例，指出了边缘学科的重要性，他说："在分子科学和原子科学的接触点上双方都宣称与己无关，但是恰恰就在这一点上可望取得最大的成果。"④ 当前，世界科学发展的总趋势是日益走向"高度分化"和"高度综合"的统一。所谓"高度分化"是指学科越分越细，新学科、新分支和新门类越来越多；而同时，不同学科分支之间的联系也越来越多，以各种不同的方式相互交叉、渗透和融合，又呈现相互"高度综合"

---

① J. Ben-David. Scientific Growth: a sociological view. *Minerva*, 1964. 2, pp. 455~476.

② ［美］黛安娜·克兰著、刘珺珺等译：《无形学院》，华夏出版社 1988 年版，第 104 页。

③ 孙小礼：《文理交融——奔向 21 世纪的科学潮流》，北京大学出版社 2003 年版，第 15~16 页。

④ 马克思、恩格斯：《马克思恩格斯全集（第 20 卷）》，人民出版社 1971 年版，第 635~636 页。

的趋势。从综合性学科分化出来的许多新分支，本身又都是交叉性的。如海洋科学，它本来是地学的一个分支，由于它的综合性强，涉及的学科很多，现在又陆续分化出海洋地质学、海洋化学、海洋生物学、海洋生态学、海洋气象学、海洋地貌学、海洋水文学、海洋物理化学、海洋仿生学、海洋工程学、海洋经济学、历史海洋学、空间海洋学、军事海洋学等百余门，这些又都是交叉性的新分支。①

最为引人注目的交叉学科是 STS 的兴起与发展，STS 是"科学、技术与社会"（Science，Technology and Society）的国际化称呼，它是 20 世纪 60 年代末 70 年代初，美国针对其科技教育危机和 20 世纪以来科技的迅猛发展所产生的环境、社会等负面影响而兴起的一门旨在研究科学、技术、社会三者相互关系的学术研究领域。从研究内容、研究方法到研究成果，都体现了自然科学与社会的结合，是自然科学和社会科学相交融的研究领域。在我国，有的学者将 STS 定义为"新兴的交叉学科"、"新兴的、综合性的交叉学科"或"文理交融的研究领域"等。

从 20 世纪 60 年代末开始，美国许多著名大学如哈佛、康乃尔和斯坦福大学等先后成立了 STS 研究中心，这些研究中心在研究的基础上向本科生和研究生开设 STS 课程。例如，麻省理工学院的 STS 研究中心，汇集了许多科学领域的著名学者，他们采用学科交叉的观点，把科学、技术的发展和由之引起的社会问题结合起来研究，开设了"科学技术史"、"19～20 世纪美国科技史"、"科学技术的社会研究"、"美国的科技政策'等近 70 门 STS 课程。在美国，著名的 STS 课程"社会中的化学"在世界享有盛誉。以 STS 为基础的"邦哥计划"（Bongo Program）中就有不少应用到理科、社会学科、英语或艺术教学内容的主题。

英国的一些名牌大学 20 世纪 80 年代以来也陆续开设了 STS 课程，如"社会中的科学与技术"、"社会中的科学"等。现在英国大学开设的 STS 课程已经多达 140 余种。此外，英国科学协会（ASE）提出"社会中的科学与技术"（SATIS）计划，并出版了《社会中的科学与技术》一书。该书在世界上影响较大，我国也出版了其相应的翻译本。

除英美两国之外，澳大利亚、德国、法国、加拿大等国家的大学也都开设

①　孙小礼：《文理交融——奔向 21 世纪的科学潮流》，北京大学出版社 2003 年版，第 17 页。

了 STS 课程。开设这些课程的目的，在于揭示教学内容中的科学技术知识在社会生活中的应用，使学生在真实生活中把所学的知识融会贯通；帮助学生理解学科知识的本质和局限性，认识科学知识能够有利于社会和环境等。①

在我国，从 20 世纪 80 年代也开始对 STS 进行了研究。1985 年清华大学正式成立了我国第一个 STS 研究室，1993 年升格为人文社会科学学院 STS 研究所，2000 年组建成清华大学 STS 中心。现在 STS 是清华大学文科的重点学科，文理交叉特色鲜明，以科技哲学学科建设为中心，有科技哲学和科学技术史两个硕士学位点，同时科技哲学还拥有博士学位授予权，2003 年在人文社会科学学院率先开展博士后工作并组织哲学一级学科力量建立了第一个博士后流动站。STS 中心还是一级核心期刊《科学学研究》的主办单位之一。到 20 世纪 90 年代我国的 STS 教育出现了一个高潮，1991 年，"理科教育中的 STS 研究"被列入全国教育科学"八五"规划国家教委重点课题。1994 年中国科协成立了科学技术社会（STS）研究中心，1996 年中国社会科学研究院科学技术社会研究中心正式成立，西安交通大学、东南大学、天津大学等高校也相继成立了 STS 研究机构。

随着 STS 研究领域的形成和发展，在自然科学和社会科学之间起到了沟通的桥梁作用。在科学与社会的关系方面也不断出现新的研究领域，这些都需要从不同学科、不同角度加以研究。所以近几十年来，又有许多与 STS 相关的研究领域应运而生，从而形成了大量的研究领域群。如"科学、技术与发展"（STD，Science，Technology and Development）、"科学、技术、经济与社会"（STES，Science，Technology，Economy and Society）、"科学、技术与教育"（STE，Science，Technology and Education）、"科学、技术与政治"（STP，Science，Technology and Politics）、"科学、技术与经济"（STE，Science，Technology and Economy）、"科学、技术与伦理"（STE，Science，Technology and Ethics）、"科学、技术与价值"（STV，Science，Technology and Value）、"科学、技术与文化"（STC，Science，Technology and Culture）、"科学、技术与人类学"（STA，Science，Technology and Anthropology）、"科学的文化研究"（CSS，Cultural Studies of Science）、"科学的社会研究"（SSS，Social Studies of Sci-

① 吴晓义：《西方国家的 STS 课程及其对中国的启示》，《吉林教育科学·高教研究》1996 年第期，第 58 页。

ence）、"科学的历史研究"（HSS，Historical Studies of Science）、"科学的哲学研究"（PSS，Philosophical Studies of Science）、"技术的社会造型"（SST，Social Shaping of Technology）以及"价值、技术、科学与社会"（VTSS，Value，Technology，Science and Society）等等。如此众多的研究领域的出现，说明 STS 具有旺盛的生命力和良好的发展情景。

美国学者皮尔（Piel）在 1981 年提出 STS 的研究范畴包括以下七个问题：①能源；②人口；③人类工程；④环境质量和自然资源；⑤太空研究和国防；⑥科学社会学；⑦技术发展对社会的影响。加拿大学者艾肯赫德（Aikenhead）等人提出 STS 应该包括以下 10 个方面的研究：①科学和技术的关系；②专家治国的/民主的决策；③科学家和社会科学的决定；④科学/技术和社会问题；⑤科学家的社会责任；⑥科学家的动机因素；⑦科学家和他们个人的品质；⑧科学和技术中的女性；⑨科学知识的社会性质；⑩科学知识的特征。美国学者拜比（R. W. Bybee）试图对 STS 主题作理论概括，将 STS 教育的内容分为三大主题：①科学和技术知识；②探索技能；③价值观念。这个框架强调"知识获取"作为 STS 主题之一并放在首位，指出 STS 教育的内容涉及三个领域，即个人所需的、公众关注的、文化视野的。

国内 STS 研究范畴相对狭窄一些，主要集中在科技哲学领域，如清华大学 STS 研究内容主要包括科技的哲学研究、科技史、科技文化与传播、科技政策与战略、科技与国际（地区）关系等。浙江大学 STS 研究中心下设三个研究所/室，主要涉及科学学、科学社会学、科学哲学、科学史、技术史、科学方法论、科技政策、创新与社会发展等主要方面的研究。

从这些对 STS 研究范畴的界定中，我们可以知道 STS 是一个多元开放的动态系统，强调科学和人文的结合，具有显然的跨学科性。正是这种跨学科性，导致了学科部落之间的边界日趋模糊。

（三）作为学科文化主体的学者的学术身份发生变化，其学术准专业地位受到挑战，"去专业化"思潮兴起

如果从历史发展的角度看，中世纪大学学者社团是出自对知识和学问的共同兴趣和爱好，期望在相互切磋和交流中满足自己的好奇心和求知欲，在有限的意义上可以说是为学习本身的概念而存在的。在中世纪大学中，不同学科已经形成了正式而又真实的教学内容或教学方法，教学已成为了一种虽非终身但大多是全职的行为，成为了一种真正的专业，作为教师的学者主要是一种教学

身份，并且这一学术身份成为中世纪遗留下来的一份厚重的文化资本。到 19 世纪初柏林大学的创建，真正贯彻了教学与科研相统一的原则，学者都围绕着独创性地探索或掌握科学的原理和方法进行学习和研究，改变了过去那种以博览群经和熟读百家为主的方法，出现了致力于培育研究方法的"习明纳"，并将它作为学术性教学的一个重要组成部分。建立了巩固的讲座制度，鼓励教授的科学研究和知识的专门化。专门化的单科教授职位纷纷设立，教授的声望和晋升完全取决于他对自己学科的贡献。柏林大学的建立创造了一种大学的新理念——科学研究成为大学的新职能。学者也被赋予了新的学术身份——研究身份，从此，教学和研究成为了学者具备的双重身份。但自 20 世纪 90 年代以来，学者的学术身份已经在原来的研究身份和教学身份基础上出现了一种新的学术身份——学术经理人。学者在不改变其研究专业的基础上走向管理角色。

在学者学术身份的变化过程中，伴随着学者学术专业地位的变化。自 19 世纪起，学者就开始致力于实现其专业化，并且赢得了不少特权和社会地位，但到 20 世纪 70 年代末起，学者的收入、地位、工作自主程度等诸多方面出现了恶化。正如莱格特（T. Leggatt）所说，学者学术专业的精英地位已经不能维持。随着各种文献的传播，它已失去了高深知识基础这个阵地。随着社会上白领雇员的增加，学者也失去了收入方面的相对优势，成为"经济上的无产阶级专业"。因受雇于官僚机构之中，学者日益缺乏专业权威的独立性。因此，学术专业即便不是准专业，也是一种"官僚专业"（bureaucratic profession）。[①] 约翰·S·布鲁贝克也指出，"如果学者属于某一个完全自主的专业，他们就有规定自己劳动时间长短的特权，就会拥有他们从事专业工作的设备条件，最重要的是还会有确定他们工作报酬的标准。有了这些特权，专业人员就能够控制维护专业水平所必需的经济条件。而对比之下，学者教授却没有这些特权。他们是雇员，他们的工作时间和工资都由董事和理事们规定。"[②]

伯顿·R·克拉克则把分化和分裂看作是美国高等教育理智运动的第三个阶段。在第一个阶段时，学者曾是受雇佣的人员。到 19 世纪 70 年代左右，一种半整合的专业主义开始在美国的大学创建之中扎根。自 1945 年以后，反映

① T. Leggatt. Teaching As a Profession, in J. A. Jackson（edt.）. *Profession and Professionalization.* Cambridge at the University Press, 1970, p. 160.

② ［美］约翰·S·布鲁贝克：《高等教育哲学》，浙江教育出版社 1998 年版，第 134～135 页。

研究型大学和社区学院之间明显差异的大量分化的学科和专业出现。这一点也可以从学者由专职走向兼职的事实中得出同样的结论，到 1992 年，美国学术人员中兼职比例平均为 27%，其中在二年制学院中这个比例高达 50%。而在 1997~1998 年间的英国，学术人员中 14% 是兼职。①

托尼·比彻通过对学术部落的研究也发现，不同学科的交流模式和价值观念各不相同，以学科为基础形成的学术部落以及各个学术部落之间为了分疆而治所产生的冲突和斗争也极大地导致了学术专业的分化。但是，所有学术部落都拥有一种共同的文化：他们解释世界和生活于世界之中的人群的方式彼此相同，正因如此，他们至少能够理解对方的文化，这种文化可以指导那些互有差异甚至彼此敌意的群体之间实现互动。② "在所有学术领域和院校，生物学、社会学和古典文学教授们都采取'学人'身份。所有这些信奉专业学说的人，作为'学者共同体'的一部分，共享着把自己人与他人区分开来的一种兴趣。"③ 伯顿·R·克拉克也认为，尽管专业化的力量强大，但仍然存在着一种整合而共同的综合体，即"连锁的文化社区"（Interlocking cultural communities）。学科的分化仍然存在一些使之统一的因素，这些因素通过理智交换而维持，这有助于确保学术社团中心的持续存在。④ 特别是一种旨在研究不同学科分支之间交叉地带即交叉学科的特殊学者——"专才式通才"的出现，无疑有助于进一步加强不同学科之间的理解和交流。

学者的学术准专业地位是在不断的分化和整合中发展，在发展中受到来自各方面的挑战，进入 20 世纪以后，这种挑战尤为明显，最为突出的表现就是"去专业化"（deprofessionalization）思潮的兴起。埃里克·霍伊尔（Eric Hoyle）把"去专业化"逻辑概括为五个方面，即①学术专业人员在对社会福祉贡献方面并没有比其他职业更为关键；②学术专业倡导者不恰当地夸大了其

① Tony Becher &Paul R. Trowler. *Academic Tribes and territories*: *Intellectual Enquiry and the Culture of Disciplines*. The Society for Research into HE &Open University Press, 2001. p. 18.

② Tony Becher. Disciplinary Shaping of the Profession. in Burton R. Clark. , ed. *The Academic Profession*: *National*, *Disciplinary*, *and Institutional Settings*. Berkeley, Los Angeles, London: University of California Press, 1987, p. 272.

③ 伯顿·R·克拉克著、王承绪等译：《高等教育系统——学术组织的跨国研究》，杭州大学出版社 1994 年版，第 101 页。

④ M. Kogan. Higher Education Communities and Academic Identity. *Higher Education Quarterly*, 2000. 54 (3), pp. 207~216.

所需技能，特别是其所需的系统知识；③学术专业人员的自私性并不亚于其他职业人员；④无论是作为整体的学术专业还是作为个体的专业人员要求自主的目的仅仅在于逃避向社会和个人尽责，因此自主也并非必不可少；⑤学术专业人员所享受的高声誉和高报酬是其通过运用权力和发挥其影响力等而获得的，而并非是社会因感激而自愿给予的。①

这种"去专业化"的挑战为学术专业作为准专业提供了理论确证，其未来何去何从难以预料，不过，挑战与机遇同在，正是这种不确定性推动了学科文化的动态发展，构成了学科文化研究的魅力所在！

---

① Eric Hoyle. Professionalization and Deprofessionalization in Education, in Eric Hoyle, Jacquetta Megarry and Myron Atkin（ed.）, *World Yearbook of Education* 1980: *Professional Development of Teachers*. London: Kogan Page Limited/New York: Nichols Publishing Company, 1980, p. 46.

结　语

　　大学学科文化研究是一个难度较大且极富挑战性的新鲜课题，国内缺乏系统的相关研究，本书研究主要是针对学科文化研究中的"非历史性"、泛理论性等缺陷，试图进一步拓展学科文化研究的论题视域，初步构建学科文化研究的概念体系和理论逻辑框架，旨在国内外已有研究的基础上对大学学科文化进行一些比较系统深入的理论探讨，为大学学科建设及其良性发展提供理论支撑。在初步完成这一研究之时，本人深感大学学科文化的研究极其复杂和艰巨，研究只可能涉及到大学学科文化的一些方面，因此，本书着重研究了以下三大问题：①大学学科文化的历史演变和成长逻辑；②大学学科文化的本质内涵；③大学学科文化的发展前景。

　　围绕这三大问题，本书研究运用历史的、组织的和文化的观点，从高等教育学、社会学、人类学、科学学、学科学、文化学等多学科视角，把大学学科视为科学—教育—社会三维结构中的一个中心要素，具体采用了文献资料法、历史法和比较法等研究方法，以大学学科文化的历史演变为逻辑起点和基本前提，从知识（学科文化的本原）、学科（学科文化的载体）和学者（学科文化的主体）三个方面揭示了大学学科文化的本质内涵，在此基础上展望大学学科文化的发展前景。

　　在探究大学学科文化的历史演变这一逻辑起点时，本书根据大学学科文化的研究与人类思维模式转换的密切相关性，选取了中世纪、文艺复兴时期和启蒙运动时代到 20 世纪中期等三个重要阶段来探究大学学科文化的演变、本质特点和生长逻辑。研究认为在中世纪，真正意义上的大学学科诞生，大学拥有文、法、医、神四大学科，开创了分科培养人才的新纪元；大学学科培养目标呈现严重功利化和职业取向；大学学科文化具有明显的等级身份性；大学学科文化的宗教性色彩浓厚；经院哲学是中世纪大学学科文化的灵魂。文艺复兴时期，随着文化基频从"宗教神道文化"到"人文主义文化"的转换，大学学科文化也随之发生了相应变化，主要表现为：以人文主义思想为基础的人文学科在逆境中兴盛且影响深远；自然科学逐渐从浑然一体的科学中分化出来，科学文化兴起和发展；学科内容逐步世俗化，学科范围迅速扩大；学科培养目标人性化，科学与人文结合。始于 17 世纪末的启蒙运动是继文艺复兴运动后欧洲历史上的又一场思想解放运动，从启蒙运动到 20 世纪中期，大学历经衰落和复兴，1810 年德国柏林大学的创建使科学研究成为大学的新职能，开创了高等教育的新纪元并后来广为世界各地所仿效。随着各国大学对科学研究的日益重视，科学占据了重要的地位。科学学科的地位日高，人文学科遭到冷遇，唯科学主义成为学科现代化转型的根本方向与基准，实证化、实用化、精确化和控制化的思维方式与原则成为现代学科发展的基本指导思想，并对 20 世纪中期以后的学科发展产生了深远的影响。这一时期大学学科文化的突出特点是新的学科不断出现和分化，学科体系的"百科全书式"特点突显；大学学科逐渐"专门化"和"科学化"，科学文化日盛；人文学科和自然科学开始对峙，两种文化的冲突显露。

在揭示大学学科文化的本质内涵时，本书从知识（学科文化的本原）、学科（学科文化的载体）和学者（学科文化的主体）三个方面系统地进行了探究。从学科文化的本原——知识出发，探究了知识增长的过程、模式和多样化。基于学科的知识分类和知识的性质及其对学科文化的影响等三个方面研究，认为作为大学学科文化本原的知识指的是一种高深而特殊的理智材料，具有专门化、自主性和累积性等特点；知识的增长是思想传递的扩散过程，其发展轨迹是一条大致的逻辑性曲线，经历了发展的四个阶段，并且不同学科研究领域的增长存在显著差异；不同类型的知识呈现不同的增长模式——连续性累积增长模式、断裂性增长模式和混合性增长模式；知识增长表现为多样化的特征；知识领域可以通过多种方式进行分类，并产生多种多样的不同结构，潘廷和库恩简单的二分法，比格兰和科尔布所采用的相应维度的划分比较有代表性；知识的性质对学科文化有重大的影响，不同性质的知识产生不同的学科文化。

从学科文化的载体——学科出发，本书研究探究了学科的本质、学科的特征以及学科的演化与生长等三个方面。研究认为大学学科是根据培养专门人才、进行科学研究和服务社会等任务及知识自身的特点对知识进行的有组织的社会分组，是拥有自己的一套观念、方法和主要目标的相对独立的知识体系；学科的内涵中包括了认识的和社会的两大基本方面，学科在历史的、地理的和知识的变化影响下表现出一定的差异性和多样性，但这种差异性和多样性通过学科文化的维系而保持着一定的统一性，从而使学科的发展变化表现出一种可识别的连续性；学科具有认可的身份和特殊的文化特性，具有部落的属性，通过其独特的文化实现学科社会化；学科主要包括认识的和社会的特征，学科的认识论特征指的是学者对学科在认识论方面的一种总体判断，主要用硬/软和纯/应用两个维度加以衡量。而学科的社会特征指的是学科界和人事网络的社会领域，是描述学科领域中学者构成状况的基本指标，采用的是会聚/分散和城市/乡村两个维度。认识的和社会的特征是密切相关的并且随时空的变化而变化；学科通过学科分化、专业联盟、学科显贵化和学科扩散等四种模式使学科实现了有效的演化与生长。

从学科文化的主体——学者出发，本书探究了学者的学术生涯、学者社团中的性别差异以及学者学术声望的认可与评价等方面。研究认为学者是经过系统学习，掌握有关学科知识、技术和方法，具有一定的学术精神、价值观念和行为准则的学术专业人员；学者的学术生涯是通过学科分割和专业调整的，在形成学术生涯方面学科具有强制性，学者对学术生涯的选择是学者个人背景和已有经验、个性和环境（学科的和机构的）等多种因素合力影响的结果；不同学科领域中学者学术生涯的中期危机、年龄与成就不同；不同性别的学者在学科领域、职位等级、任职大学、任职类型、任职合同期限以及教学和研究的时间分配等诸多方面存在不同程度上的差异。造成学者社团性别差异特别是女性处于弱势地位的原因很多，主要是社会意识形态、权力系统和利益机制在学科领域表现的结果，它是由社会文化建构的，是一个人为的过程；学者学术声望的大小主要取决于学者智力贡献的大小，对学者学术声望的认可应该考虑到机构和学科等多种因素的影响，在不同机构和学科中杰出学者的形象存在差异，同行评议是对学者学术声望进行评价的一种可行的方法。

通过从知识、学科和学者三个方面对大学学科文化进行的系统研究，本研究认为大学学科文化是学者、学科、知识三者在动态过程中相互影响的产物；大学学科文化具有强烈的学术性；大学学科文化具有显然的身份性；学科文化在本质上就是学科信念。

在此基础上，本研究对后工业时代的高等教育及其对大学学科文化的影响进行了反思并展望了大学学科文化的发展前景。在后工业时代，高等教育全球化对大学学科文化的影响突出表现在对学者卷入其中的人际网络方面所发生的重要影响，主要包括人员的国际流动、机构间合作的国际化以及思想流动的国际化；还表现在新的"知识媒体"的出现导致学者进行学习、研究和交流等内容和方式的改变；学科中的国际化内容增多，外语教学日益重要等等。高等教育大众化对大学学科文化的影响主要表现在学科的多样化和学者的日益分层。高等教育市场化导致知识生产方式发生转变——从传统的生产第一类知识的模式 I 转向生产第二类知识的模式 II，学科文化中的商业化倾向日益加重，进一步加剧了学科发展的不平衡和学科地位的日益分层。大学中的管理主义是对效率、经济和市场的回应，它带来了一系列组织体系上的变革，使高等教育机构的运作机制更像私营的营利部门，寻求新的资金来源可以弥补因政府对高等教育投入减少而产生的经费不足的现象。但管理主义的价值渗透和干预对大学学科文化产生了负面影响，突出表现在对学术自由的侵犯和对学者创造力的扼制。因此，后工业时代高等教育全球化、大众化、市场化以及大学中的管理主义都对大学学科文化产生了巨大而深远的影响，使大学学科文化在其本原、载体和主体等方面都发生了新的变化，这种发展变化的前景主要表现在：作为学科文化本原的知识日益增长和分化，知识的经济属性日盛而导致学科文化中的商业化色彩明显；作为学科文化载体的学科不断交叉与融合，交叉学科增多导致学科部落之间的边界日趋模糊；作为学科文化主体的学者的学术身份发生变化，其学术准专业地位受到挑战，"去专业化"思潮兴起。

以上研究的结论可能是比较粗糙和肤浅的，但如果从创新的角度来看，本书研究可能存在以下一些创新之处：

1. 认为大学学科是根据培养专门人才、进行科学研究和服务社会等任务及知识自身的特点对知识进行的有组织的社会分组，是拥有自己的一套观念、方法和主要目标的相对独立的知识体系。把学科文化界定为学者在一定时期内创造的以知识为本原、以学科为载体的各种语言符号、理论方法、价值标准、伦理规范以及思维和行为方式的总和。对大学学科文化的概念体系和大学学科文化研究的理论逻辑框架进行了尝试性地构建，为学科文化的进一步深入研究抛砖引玉。

2. 从中世纪、文艺复兴时期和启蒙运动时代至 20 世纪中期三个历史阶段系统梳理了大学学科文化发展和演变的历史，探究了大学学科文化的演变、生长逻辑及其本质特点，在此基础上对后工业时代高等教育的发展图景及其对大学学科文化的影响进行反思，并对大学学科文化的发展前景进行了展望，克服了在众多研究有关学科文化文献中呈现的明显的非历史现象。

3. 从大学学科文化的本原、载体和主体三大方面对大学学科文化的本质内涵进行了系统研究，并得出了一些结论，从而在一定程度上弥补了大学学科文化问题的系统研究在我国比较缺乏的现象。研究范式和研究视角新，对学科文化的研究适应了人类思维向内看的发展趋势，有利于拓展高等教育研究的论题视域和推进高等教育理论的研究深度。

然而，由于信息资料所限，加上时间、精力和能力等多方面的局限性，对大学学科文化的研究不可能穷尽所有且非常深入，其令人遗憾和不足之处也在所难免！但庆幸的是，博士论文只是自己学术生涯一个有限阶段中的起点而非终点，研究中的遗憾和不足不仅是我今后从事研究需努力的方向，而且也为我不断沿着学科文化研究前行提供了不竭的动力源泉！

参考文献

一、英文著作

1. A. B. Cobban. T*he Medieval Universities: their development and organization*. Methuen & Co. Ltd. , 1975.

2. A. Centra. *Reflective Faculty Evaluation: Enhancing Teaching and Determining Faculty Effectiveness* . Jossey Bass Publishers, 1993.

3. A. H. Halsey and Martin A. Trow. *The British Academics*. London: Faber and Faber, 1871.

4. A. H. Halsey. *Decline of Donnish Dominion: The British Academic Professions in the Twentieth Century*. Oxford: Clarendon press, 1992.

5. A. H. Roberts. The System of Communication in the Language Sciences: Present and Future. In C. Nelson and D. Pollock, eds. , *Communication among Scientists and Engineers*. Lexington, Mass. : D. C. Health, 1970.

6. Burton R. Clark. *The Academic Life: Small World, Different Worlds*. The Carnegie Foundation for the Advancement of Teaching. Princeton, New Jersey, 1987.

7. Burton R. Clark. *Perspectives on Higher Education: Eight Disciplinary and Comparative Views*. University of California Press, 1984.

8. Burton R. Clark. *The Distinctive College: Antioch, Reed, Swarthmore*. Chicago: Aldine, 1970.

9. Burton Clark. The Problem of Complexity in Modern Higher Education. in S. Rothblatt and B. Wittrock (eds) *The European and American University Since* 1800: *Historical and Sociological Essays*. Cambridge University press, 1993.

10. Benson R. Snyder. *The Hidden Curriculum*. New York: Knopf, 1971.

11. C・P・Snow. *The Two Cultures and the Scientific Revolution*. New York: Cambridge University Press, 1959.

12. C・P・Snow. *The Two Cultures: and a Second Look*. New York: Cambridge University

Press, 1964.

13. Charles W. Thwing. *A History of Higher Education in America*. New York: D. Appleton, 1906.

14. C. Davies and P. Holloway. Troubling transformations: gender regimes and organizational culture in the academy, in L. Morley and V. Walsh (eds) *Feminist Academics*. London: Taylor &Francis. 1995.

15. C. Prichard. *Making Managers in Universities and Colleges*. Buckingham: SRHE/Open University Press, 2000.

16. Daniel Bell. *The Coming of Post—Industrial Society*. Harmondsworth, Middlesex: Penguin Books, 1976.

17. Donald. T. Campbell. Ethnocentrism of Disciplines and the Fish-scale Model of Omniscience. In M. Sherif and C. W. Sherif, eds. , *Interdisciplinary Relationships in the Social Sciences*. Chicago: Aldine, 1969.

18. Denis Lawton&Peter Gordon. *A history of Western Educational Ideas*. Woburn Press, 2002.

19. D. Dill and B. Sporn. *Emerging Patterns of Social Demand and University Reform: Through a Glass Darkly*. Oxford: IAU Press/Elsevier, 1995.

20. Donald J. Albers and G. L. Alexanderson (eds.). *Mathematical People: Profiles and Interviews*. Boston: Birkhauser, 1985.

21. Ellwood P. Cubberley. *Readings in the History of Education*. Boston, New York, Chicago, Dallas, San Francisco: Houghton Mifflin Company, 1920.

22. Eric Hoyle. Professionalization and Deprofessionalization in Education, in Eric Hoyle, Jacquetta Megarry and Myron Atkin (ed.), *World Yearbook of Education* 1980: *Professional Development of Teachers*. London: Kogan Page Limited/New York: Nichols Publishing Company, 1980.

23. F · R · Leavis. *Education and the University*. London: Chatto and Windus, 1948.

24. F · R · Leavis. *Two Cultures? The Significance of C · P · Snow*. London: Chatto and Windus, 1962.

25. Friedrich Paulsen. *German Education: past and present*. London: T. Fisher Unwin, 1908.

26. G. Williams. The Marketization of HE: reforms and potential reforms in HE finance, in D. Dill and B. Sporn (eds). *Emerging Patterns of Social Demand and University Reform: Through a Glass Darkly*. Oxford: IAU Press/Elsevier, 1995.

27. Hastings Rashdall. *The Universities of Europe in the Middle Ages (Vol. I)* . Oxford at the Clarendon Press, 1987.

28. Henry D. R. Miller. *The Management of Change in Uiversities*. The Society for Research in-

to Higher Education & Open University Press, 1995.

29. Howard S. Becker. Blanche Geer, Everett C. Hughes. *Making the Grade: The Academic Side of College Life.* New York: John Wiley, 1968.

30. H. Etzkowitz, et al. , eds. *Capitalizing Knowledge: New Intersections of Industry and Academia.* NY: State University of New York Press, 1998.

31. J. S. Daniel. *Mega-Universities and Knowledge Media: Technology Strategies for Higher Education.* London: Kogan Page, 1996.

32. J. C. Smart and C. A. Ettington. Disciplinary institutional differences in undergraduate education goals, in N. Hativa and M. Marincovich (eds). *Disciplinary Differences in Teaching and Learning: Implications for Practice.* San Francisco, CA: Jossey-Bass. 1989.

33. James J. Duderstadt. *A University for the 21st Century.* Ann Arbor: The University of Michigan Press, 2000.

34. Kenneth P. Ruscio. Many Sectors, Many Professions, in B. R. Clark (ed.) *The Academic Profession.* Berkeley, Los Angeles, London: university of California Press, 1987.

35. L. Dominelli. Women, social work and academia, in D. Malina and S. MaslinProthero (eds) *Surviving the Academy: Feminist Perspectives.* London: Falmer. 1998.

36. L. Sax. , A. Astin, W. Korn. and S. Gilmartin. *The American College Teacher: National Norms for the 1998 ~ 1999 HERI Survey.* Los Angeles, CA: HERI at UCLA. 1999.

37. Mary Henkel. *Academic Identities and Policy Change in Higher Education.* London: Jessica Kingsley, 2000.

38. M. Finkelstein, R. Seal and J. Schuster. *The New Academic Generation.* Baltimore, MD: Johns Hopkins University Press, 1998.

39. Michael Gibbons. Development of Science and Basic Research: the Implications of Mode 2 Science, in H. Etzkowitz and L. Leydesdorff (eds). *Universities and the Global Knowledge Economy: A Triple Helix of University—Industry—Government Relations.* London: Printer, 1997.

40. M. Masterman. The Nature of a Paradigm. In I. Lakatos and A. Musgrave, eds. , *Criticism and the Growth of Knowledge.* Cambridge: at the University Press, 1970.

41. M. Gibbons. Introduction, in M. Gibbons and B. Wittrock (eds) *Science as a Commodity.* Harlow: Longman, 1985.

42. P. Scott. Massification, internationalization and globalization, in P. Scott (ed.) *The Globalization of Higher Education.* Buckingham: SRHE/Open University Press. 1998.

43. P. Trowler. *Academics Responding to Change: New Higher Education Frameworks and Academic Cultures.* Buckingham: SRHE/Open Uniersity Press, 1998.

44. R. Stone. *Mathematics in the Social Sciences and Other Essays.* Cambridge, Mass. :

M. I. T. Press, 1966.

45. Richard Startup. *The University Teacher and His World*. Farnborough: Saxon House, 1979.

46. Richard D. Whitley. , ed. *Social Processes of Scientific Development*. London: Routledge and Kegan Paul, 1974.

47. Robert H. Wiebe. *The Search for Order*, 1877 ~ 1920. New York: Hill and Wang, 1967.

48. Stanley M. Guralnick. *Science and the Ante-Bellum College*. Philadelphia: American Philosophical Society, 1975.

49. S. Slaughter and L. L. Leslie. *Academic Capitalism: Politics, Policies and the Entrepreneurial University*. Baltimore, MD: Johns Hopkins University Press, 1997.

50. Thomas S. Kuhn. *The Structure of Scientific Revolutions*. Chicago: University of Chicago Press, 1962. 2d ed. (with postscript) 1970.

51. Tony Becher. *Academic Tribes and territories: Intellectual Enquiry and the Cultures of Discipline*. The Society for Research into HE &Open University Press, 1989.

52. Tony Becher &Paul R. Trowler. *Academic Tribes and territories: Intellectual Enquiry and the Culture of Disciplines*. The Society for Research into HE &Open University Press, 2001.

53. Tony Becher. Disciplinary Shaping of the Profession. in Burton R. Clark. , ed. *The Academic Profession: National, Disciplinary, and Institutional Settings*. Berkeley, Los Angeles, London: University of California Press, 1987.

54. Tony Becher. The Cultural View, in B. R. Clark (ed.) *Perspectives on Higher Education: Eight Disciplinary and Comparative Views*. Berkeley, Los Angeles, London: university of California Press, 1984.

55. T. Parsons. Some Considerations on the American System of Higher Education &Research, in J. Ben-David& T. N. Clarks (eds). *Culture and Its Creators*. University of Chicago Press, 1977.

56. T. Leggatt. Teaching As a Profession, in J. A. Jackson (edt.). *Profession and Professionalization*. Cambridge at the University Press, 1970.

57. Walter P. Metzger. The Academic Profession in the United states. in Burton R. Clark. , ed. *The Academic Profession: National, Disciplinary, and Institutional Settings*. Berkeley, Los Angeles, London: University of California Press, 1987.

58. William T. Foster. *Administration of the College Curriculum*. Boston: Houghton Mifflin, 1911.

59. W. Tierney and E. M. Bensimon. *Promotion and Tenure: Community and Socialization in*

Academe. New York：State University of New York Press. 1996.

60. W. G. Tierney. *Building the Responsive Campus*：*Creating High Performance Colleges and Universities*. Thousand Oaks，CA：Sage，1999.

61. Willis Rudy. *The Universities of Europe*，1100～1914：*A History*. London：Associated U-niversity Press，Inc. 1984.

二、中文译著

1. 北京大学哲学系外国哲学史教研室编译：《西方哲学原著选读（上卷）》，商务印书馆 1981 年版。

2. ［德］汉斯·波塞尔：《科学：什么是科学》，李文潮译，上海三联书店 2002 年版。

3. ［德］康德：《历史理性批判文集》，何兆武译，商务印书馆 1997 年版。

4. ［德］雅斯贝尔斯：《什么是教育》，邹进译，生活·读书·新知三联书店 1991 年版。

5. ［德］马克斯·韦伯：《学术与政治》，冯克利译，生活·读书·新知三联书店 1999 年版。

6. ［德］H·李凯尔特：《文化科学和自然科学》，涂纪亮译，商务印书馆 2000 年版。

7. ［德］恩斯特·卡西尔：《人文科学的逻辑》，关之尹译，上海译文出版社 2004 年版。

8. ［德］恩斯特·卡西尔：《人论》，甘阳译，上海译文出版社 2004 年版。

9. ［英］丹尼斯·哈伊：《意大利文艺复兴的历史背景》李玉成译，三联书店 1988 年版。

10. ［法］雅克·勒戈夫：《中世纪的知识分子》商务印书馆 1996 年版。

11. ［法］爱弥尔·涂尔干：《教育思想的演进》，李康译，上海人民出版社 2003 年版。

12. ［德］黑格尔：《历史哲学》王造时译，上海书店出版社 1999 年版。

13. ［加拿大］迈克·富兰：《变革的力量——透视教育改革》，中央教育科学研究所译，教育科学出版社 2001 年版。

14. ［美］约翰·S·布鲁贝克：《高等教育哲学》，王承绪等译，浙江教育出版社 1998 年版。

15. ［美］伯顿·R·克拉克：《高等教育系统——学术组织的跨国研究》，王承绪等译，杭州大学出版社 1994 年版。

16. ［美］伯顿·克拉克：《高等教育新论——多学科的研究》，王承绪等译，浙江教育出版社 2001 年版。

17. ［美］刘易斯·布兰斯科姆：《知识产业化：美日两国大学与产业界的纽带》，尹宏毅、苏竣译，新华出版社 2003 年版。

18. ［美］I·伯纳德·科恩：《科学革命史》杨爱华等译，军事科学出版社 1992 年版。

19. ［美］约翰·布罗克曼：《第三种文化——洞察世界的新途径》，吕芳译，海南出版社 2003 年版。

20. ［美］黛安娜·克兰：《无形学院》，刘珺珺等译，华夏出版社 1988 年版。

21. ［美］托马斯·库恩：《科学革命的结构》，金吾伦、胡新和译，北京大学出版社 2003 年版。

22. ［美］托马斯·S·库恩：《必要的张力》，纪树立等译，福建人民出版社 1981 年版。

23. ［美］米歇尔·福柯：《规训与惩罚》，杨远婴译，生活·读书·新知三联书店 1999 年版。

24. ［美］S·E·佛罗斯特：《西方教育的历史和哲学基础》，吴元训等译，华夏出版社 1987 年版。

25. ［美］克拉克·科尔：《大学的功用》，陈学飞等译，江西教育出版社 1993 年版。

26. ［美］华勒斯坦：《学科·知识·权力》，刘健芝等编译，生活·读书·新知三联书店 1999 年版。

27. ［美］华勒斯坦：《开放社会科学：重建社会科学报告书》，生活·读书·新知三联书店 1997 年版。

28. ［美］亚伯纳罕·弗莱克斯纳：《现代大学论——美英德大学研究》，徐辉等译，浙江教育出版社 2001 年版。

29. ［美］唐纳德·肯尼迪：《学术责任》，阎凤桥等译，新华出版社 2002 年版。

30. ［美］I·伯纳德·科恩：《科学革命史》杨爱华等译，军事科学出版社 1992 年版。

31. ［美］克拉克·克尔：《高等教育不能回避历史——21 世纪的问题》，王承绪译，浙江教育出版社 2001 年版。

32. ［美］保罗·奥斯卡·克利斯特：《意大利文艺复兴时期八个哲学家》，陶建平译，上海译文出版社 1987 年版。

33. ［美］怀特：《文化科学——人和文明的研究》，曹锦清等译，浙江人民出版社 1988 年版。

34. ［美］乔治·萨顿：《科学史和新人文主义》，陈恒六等译，华夏出版社 1989 年版。

35. ［瑞士］雅各布·布克哈特：《意大利文艺复兴时期的文化》，何新译，商务印书馆 1997 年版。

36. ［西班牙］奥尔特加加塞特：《大学的使命》，徐小洲等译，浙江教育出版社 2001

年版。

37. ［英］约翰·亨利·纽曼：《大学的理想》，徐辉等译，浙江教育出版社 2001 年版。

38. ［英］赫胥黎：《科学与教育》，单中惠、平波译，人民教育出版社 1990 年版。

39. ［英］C. P. 斯诺：《两种文化》，陈克艰、秦小虎译，上海科学技术出版社 2003 年版。

40. ［英］威廉·博伊德、埃德蒙·金：《西方教育史》，任宝祥、吴元训主译，人民教育出版社 1985 年版。

41. ［英］阿伦·布洛克：《西方人文主义传统》，董乐山译，生活·读书·新知三联书店 1997 年版。

42. ［英］斯蒂芬·F·梅森：《自然科学史》，周熙良译，上海译文出版社，1980 年版。

43. ［英］迈克尔·马尔凯：《科学与知识社会学》，林聚任等译，东方出版社 2001 年版。

44. ［英］阿什比：《科技发达时代的大学教育》，滕大春等译，人民教育出版社 1983 年版。

45. ［英］C·W·沃特森：《多元文化主义》，叶兴艺译，吉林人民出版社 2005 年版。

46. ［英］马克·J·史密斯：《文化——再造社会科学》，张美川译，吉林人民出版社 2005 年版。

三、中文著作

1. 陈燮君：《学科学导论——学科发展理论探索》，上海三联书店 1991 年版。

2. 陈学飞：《美国高等教育史》，四川大学出版社 1989 年版。

3. 陈伟：《西方大学教师专业化》，北京大学出版社 2008 年版。

4. 陈洪捷：《德国古典大学观及其对中国大学的影响》，北京大学出版社 2002 年版。

5. 蔡克勇：《高等教育简史》，华中工学院出版社 1982 年版。

6. 戴本博：《外国教育史（上）》，人民教育出版社 2000 年版。

7. 丁雅娴：《学科分类研究与应用》，中国标准出版社 1994 年版。

8. 习培莘：《教育文化学》，江苏教育出版社 1992 年版。

9. 杜时忠：《科学教育与人文教育》，华中师范大学出版社 1998 年版。

10. 高九江：《启蒙推动下的欧洲文明》，华夏出版社 2000 年版。

11. 胡建雄：《学科组织创新》，浙江大学出版社 2001 年版。

12. 黄晓霞等：《高等教育市场化》，北京大学出版社 2004 年版。

13. 黄福涛：《欧洲高等教育近代化——法、英、德近代高等教育制度的形成》，厦门大学出版社1998年版。

14. 贺国庆：《德国和美国大学发达史》，人民教育出版社1998年版。

15. 贺国庆等：《外国高等教育史》，人民教育出版社2003年版。

16. 郝德永：《课程与文化：一个后现代的检视》，教育科学出版社2002年版。

17. 金耀基：《大学之理念》，三联书店2001年版。

18. 刘仲林：《现代交叉科学》，浙江教育出版社1998年版。

19. 潘懋元：《潘懋元论高等教育》，福建教育出版社2000年版。

20. 钱穆：《文化与教育》，广西师范大学出版社2004年版。

21. 瞿葆奎：《教育学文集》，人民教育出版社1988年版。

22. 强海燕：《性别差异与教育》，陕西人民教育出版社2000年版。

23. 孙小礼：《文理交融——奔向21世纪的科学潮流》，北京大学出版社2003年版。

24. 石中英：《教育学的文化性格》，山西教育出版社2005年版。

25. 施小光：《美国大学思想论纲》，北京师范大学出版社2001年版。

26. 王承绪：《伦敦大学》，湖南教育出版社1995年版。

27. 王承绪：《英国教育》，吉林教育出版社2000年版。

28. 王冀生：《现代大学文化学》，北京大学出版社2002年版。

29. 王长纯：《学科教育学概论》，首都师范大学出版社2000年版。

30. 王一兵：《高等教育大众化、国际化、网络化和法人化——国际比较的视角》，云南大学出版社2002年版。

31. 王晓华：《断裂中的传统——人文视野下的大学理想》，首都师范大学出版社2002年版。

32. 万力维：《控制与分等：大学学科制度的权力逻辑》，南京师范大学出版社2005年版。

33. 吴国盛：《让科学回归人文》，江苏人民出版社2003年版。

34. 吴刚：《知识演化与社会控制》，教育科学出版社2002年版。

35. 吴季松：《知识经济学——理论、实践和应用》，北京科学技术出版社1999年版。

36. 肖峰：《论科学与人文的当代融通》，江苏人民出版社2001年版。

37. 徐小洲：《当代欧美高教结构改革研究》，内蒙古大学出版社1997年版。

38. 徐辉、方展画：《世界教育大系（高等教育分卷）》，吉林教育出版社2000年版。

39. 徐新：《西方文化史》，北京大学出版社2002年版。

40. 徐行言：《中西文化比较》，北京大学出版社2004年版。

41. 阎光才：《识读大学——组织文化的视角》，教育科学出版社2002年版。

42. 赵敦华：《基督教哲学1500年》，人民出版社1994年版。

43. 郑金洲：《教育文化学》，人民教育出版社 2003 年版。

44. 张应强：《文化视野中的高等教育》，南京师范大学出版社 1999 年版。

45. 张广智：《世界文化史（古代卷）》，浙江人民出版社 1999 年版。

46. 张俊宗：《现代大学制度》，中国社会科学出版社 2004 年版。

47. 周昌忠：《西方科学的文化精神》，上海人民出版社 1995 年版。

48. 周浩波：《教育哲学》，人民教育出版社 1999 年版。

49. 庄锡昌、顾晓鸣等编：《多维视野中的文化理论》，浙江人民出版社 1987 年版。

后　记

　　本书是在我的博士学位论文基础上修改而成的，也是我的第一本学术专著。当完成书稿的修改之时，恰逢中国教育学会比较教育分会第 15 届年会暨庆祝王承绪教授百岁华诞国际学术研讨会在杭州召开，作为王承绪先生的入室弟子，我有幸参加了这次盛会。当与先生见面谈及书稿的出版时，先生欣然答应为此书作序。我愿把此书的出版作为王先生百岁华诞的一份薄礼，祝愿先生更加健康长寿！

　　我是 2004 年 2 月从"风景甲天下"的桂林提前半年硕士毕业来到美丽的"人间天堂"杭州，在浙江大学开始我新的学术生涯——攻读博士学位。

　　在浙江大学，我最感幸运的是能够成为教育学界泰斗王承绪先生的学生，先生宽厚仁慈、治学严谨，对我关心备至、爱护有加！论文从选题、开题、预答辩到正式答辩都凝聚了先生的心血和汗水！先生当时 95 岁高龄还亲自授课并时常牵挂我的学业和生活，为我论文写作提供资料、字斟句酌地进行修改。每次看到先生为我修改过的论文（大到框架结构，小到错别字、标点符号和英语大小写）都会令我感动！我能提前半年完成博士学业完全得益于先生适切细微的指导和激励，每次与先生见面都会产生心灵上的震撼！这种感受也并非简单的一个"谢"字能够表达我对先生的感激与崇敬！

　　感谢浙江大学徐辉教授、徐小洲教授、魏贤超教授和方展画教授的传道、授业和解惑！感谢参加我博士论文答辩的刘海峰教授、陆有铨教授、单中惠教授、徐小洲教授、周谷平教授以及匿名评审我论文的评阅专家们。

　　论文写作过程中还通过电子邮件的形式得到了国外部分教授的帮助和指点，他们是：英国伦敦大学教育学院的 Robert Cowen 教授、Roy Cox 教授、Edward Vickers 教授以及苏萨克斯大学教育系 Tony Becher 教授，美国加州大学洛杉矶分校 Burton R. Clark 教授以及西雅图太平洋大学教育学院院长 William

J. Rowley 教授。在此，对他们提供的无私帮助表示感谢！

感谢室友林国治的坦诚、直率和幽默，平日里的谈天说地使我们情同兄弟。感谢李振玉、陈伟、郑文、周瓦、王雁林、许长青、阚阅、徐春霞、韩玉志、张凤娟、刘淑华、陈贵青、曹汉斌、潘发勤、王小飞、吴岩、牛长松、刘辉、王春艳等师兄弟姐妹们在生活和学习方面给予的关心和帮助！

感谢我年迈而慈祥的父母对我的慈爱和宽容！感谢我哥哥姐姐们对我多年求学的关心、理解和支持，他们给予我精神上的动力是巨大的！

同时，本书的出版还得到了中国地质大学（武汉）高等教育研究所领导和老师们的关心和帮助，中国地质大学（武汉）中央高校基本科研业务费专项资金以及 2009 年度教育部人文社会科学青年基金资助了本书另一部分出版经费。

最后，我要特别感谢我的夫人彭元珍女士，她放弃进一步进修深造的机会，把全部的时间和精力都倾注于她心爱的教学、繁重的家务和女儿的培养之中，她是学生的好老师、女儿的好妈妈、我的好妻子！她固守清贫而毫无怨言、料理家务井然有序而从不让我担心，每次耳闻目睹女儿蒋玥的健康成长和各方面的优秀尤其使我心存感激并深感内疚！如果没有她的无私奉献，我也无法完成我的学业！

蒋洪池

2010 年 10 月于江城武汉